Euge

ne de Mirecourt

**Andre, le sorcier**

Euge

`

ne de Mirecourt

**Andre, le sorcier**

ISBN/EAN: 9783742869098

Hergestellt in Europa, USA, Kanada, Australien, Japan

Cover: Foto ©Andreas Hilbeck / pixelio.de

Manufactured and distributed by brebook publishing software
(www.brebook.com)

Euge

ne de Mirecourt

**Andre, le sorcier**

# ANDRÉ
# LE SORCIER

PAR

## EUGÈNE DE MIRECOURT

M . L

PARIS

MICHEL LÉVY FRÈRES, ÉDITEURS

RUE AUBER, 3, PLACE DE L'OPÉRA

LIBRAIRIE NOUVELLE

BOULEVARD DES ITALIENS, 15, AU COIN DE LA RUE DE GRAMMONT

1873

MICHEL LÉVY FRÈRES, EDITEURS

OUVRAGES

DE

# EUGÈNE DE MIRECOURT

FORMAT GRAND IN-18

POISSY. — TYP. S. LEJAY ET CIE

# ANDRÉ
# LE SORCIER

## I

' Au mois de septembre dernier, nous avons habité pendant quelques jours un modeste hameau, situé tout au pied du Honneck et dont les maisons, couvertes de bruyère pour la plupart, s'éparpillent dans la vallée verdoyante, comme un troupeau capricieux que n'a pu rassembler la houlette du pasteur. Parmi toutes ces pauvres habitations, on en distingue néanmoins quelques-unes dont l'extérieur annonce l'aisance, et celles-ci se groupent autour

de l'église, qui les domine à peine de sa tour qua-
drangulaire. Il est à remarquer que dans les pays
montueux et relevés par les grands accidents de la
nature, l'homme ne cherche pas à donner aux édi-
fices une structure imposante. Il sent trop combien ses œuvres seraient écrasées par celles de
Dieu.

Contre l'église est adossé le presbytère.Non loin
de là, sur la gauche, une maison blanche et pro-
prette, fermée par une grille en bois peint, montre
ses pavillons à demi-cachés sous les branches
touffues de deux gros tilleuls. C'est la maison du
notaire. Un jardin, planté d'arbres fruitiers, la sé-
pare d'une autre moins élégante, qui sert de loge-
ment au percepteur.

En face de ces deux habitations et de la plate-
forme, où se dresse l'église, on aperçoit une suite

de bâtiments couverts en tuile ; et, si l'on pénètre dans la vaste cour qui précède le corps principal du logis, on trouve autour de soi les marques évidentes d'une activité laborieuse : des charrues rentrent avec leur attelage fumant ; des laitières sortent des étables en portant leurs terrines pleines d'un lait écumeux ; des valets aux épaules robustes traînent d'énormes chariots sous les hangars ou conduisent les chevaux à la fontaine placée au centre de la cour, et dont les eaux jaillissantes sont reçues par de vastes réservoirs. Valets, bergers et laitières, tout en s'acquittant de leur besogne respective, chantent à gorge déployée.

Les moutons bêlent, le gros bétail mugit ; de jeunes poulains, en faisant de folles gambades autour de leur mère, essaient leurs premiers hennissements. Les chiens aboient, les pourceaux grognent près de leur auge, de gros pigeons pattus roucoulent en se rengorgeant sur le toit du colombier. Il n'y a pas jusqu'au peuple criard de la basse-cour qui ne se permette une foule d'intonations diverses, chacun dans la spécialité de son idiôme. Tout cela forme un concert dénué d'harmonie, mais extrêmement pastoral.

Cette ferme modèle appartient à Pierre Denis, riche montagnard, qui tous les jours augmente sa fortune en exploitant lui-même. Pierre a trente ans. Il est doué de cette beauté mâle et florissante, naturelle aux fils de la montagne. Le fermier n'est pas dépourvu d'éducation et d'un certain usage du monde, que lui ont donné de fréquentes relations avec les villes d'alentour.

Lié très intimement avec le percepteur et le notaire, ils formaient, à l'époque où nous les avons connus, une petite société qui tenait presque de la famille.

A dix lieues à la ronde, Pierre était généralement regardé comme l'homme le plus heureux des Vosges. Le succès couronnait toutes ses entreprises, la grêle épargnait ses champs et l'inondation ses prairies, jamais l'avalanche ne déracinait les beaux sapins de ses bois, enfin il venait d'épouser la plus jolie fille du hameau. Ce mariage qui, d'après l'opinion publique, mettait le comble au bonheur de Pierre Denis, avait justement soulevé les premiers nuages qui eussent obscurci le ciel jusqu'alors tout d'azur de son existence.

Pourtant celle qu'il avait choisie pour sa compagne possédait mille qualités adorables, Rosine était bonne, aimante et sensible. Les attraits de sa personne, la vivacité de son regard, la douceur de son sourire étaient bien propres à rendre un mari fou d'amour. Blonde, mignonne et toute rose, on n'eût jamais cru que cette tendre fleur avait pris naissance au milieu de la vigoureuse atmosphère des montagnes. Quand elle surveillait l'intérieur du logis, coiffée de cette simple cornette piquée qui dégage tous les trésors de la chevelure, vêtue de la jupe courte et du corsage éclatant, sa chemise de fine toile relevée sur ses bras de neige et ses petits pieds enfouis dans de légers sabots de merisier, Rosine était charmante et l'on se figurait voir Marie-Antoinette, jouant à Trianon son rôle gracieux de fermière.

Mais avec toutes ces qualités elle avait un défaut contre lequel ne résiste pas l'affection la plus vive, défaut terrible qui, chez la femme, provient d'un excès d'amour et porte immédiatement, chez l'homme, le coup de grâce à cette passion. Pour tout dire, en un mot, Rosine était jalouse. Elle eût voulu tenir son époux en charte privée, le mettre à l'abri de tout regard féminin, l'avoir là, près d'elle, à chaque heure du jour. Le fermier s'absentait-il pour affaire? la jeune femme se créait à l'instant mille sujets d'alarme, elle évoquait de sinistres fantômes, elle pleurait, gémissait, se brisait l'âme à tous les détours anguleux du soupçon.

Lorsque Pierre, fatigué de ses courses, rentrait sous le toit conjugal, il trouvait Rosine boudeuse et mécontente. D'abord il essaya de combattre avec le raisonnement cette faiblesse d'esprit qui le désespérait. Par malheur, les caractères jaloux ne sympathisent guère avec la logique. Dans les efforts de son mari pour la convaincre, Rosine voyait une dissimulation criminelle, un machiavé-lisme indigne. Elle voulait des aveux, elle exigeait que le pauvre homme, tout en n'ayant pas le plus léger reproche à s'adresser, lui confessât des infidélités et des trahisons.

Longtemps Pierre donnna les preuves de la plus angélique patience. Il aimait sa femme, et, pour la guérir, pour recouvrer le bonheur et la paix de son ménage, il n'eût pas reculé devant les plus pénibles sacrifices, il eût prodigué le plus pur de son sang. Mais, harcelé sans cesse, en butte nuit et jour à d'éternels coups d'épingle, poursuivi jusqu'au sanctuaire intime de la pensée, le triste mari se lassa définitivement de son rôle de victime. Il releva la tête et parla haut et ferme.

Entendant pour la première fois l'accent impérieux d'un maître, Rosine parut fléchir. Bientôt, néanmoins, elle se révolta contre ce qu'elle appelait un odieux despotisme.

Le fermier, sentant l'orage de la colère gronder dans son cœur, prenait le parti de s'éloigner pour ne pas faire éclore une scène de violence. Il fuyait sa maison, comme si la peste se fût assise au coin du foyer domestique, et l'état perpétuel d'irritation dans lequel se trouvait Rosine ne permettait même plus à son mari de la conduire aux petites réunions du notaire, qu'elle eût infailliblement troublées par quelque fâcheux éclat.

Les choses en sont à ce point, au moment où commence notre récit.

M. Poirson, le notaire, est un petit homme replet, d'une figure épanouie, loyal comme un lingot d'or pur, serviable avec tout le monde, même avec

1.

ses clients, d'une gaîté par trop expansive et quelque peu fatigante. Il a conservé la poudre, frise chaque matin ses deux ailes de pigeon et noue scrupuleusement, tous les soirs, avec un ruban couleur orange, les trois cheveux qui lui restent sur le derrière de l'occiput. La queue, cette mode de nos pères, que nous avons abandonnée comme un ornement grotesque, a conservé longtemps au fond de nos provinces des admirateurs acharnés, et M. Poirson était du nombre. Ce brave notaire dépassait la cinquantaine. Il était marié depuis vingt ans, et nous pouvons affirmer sans crainte que, pour lui, la lune de miel durait encore. On le voyait prodiguer à sa femme une infinité de petits soins et de prévenances, qui eussent fait rougir de honte nos époux modernes, et cependant jamais caractère n'offrit un contraste plus frappant que celui de M. Poirson, mis en regard du caractère de sa moitié.

Madame Poirson, qui comptait près de trente-huit ans, avait dû jadis être d'une beauté merveilleuse. Elle était fort bien encore. Une mélancolie douce et résignée se lisait sur ce pâle visage. On croyait voir une reine, dépouillée de sa couronne et conservant dans l'exil sa majestueuse contenance et la fierté de son rang. Personne ne se rappelait d'avoir vu sourire la femme du notaire. Elle avait dû nécessairement éprouver quelque grande peine de cœur et pleurait sans doute, au fond de son âme, un amour brisé.

Telle madame Poirson nous apparaît dès le commencement de cette histoire, telle son mari l'a toujours connue. Donc, la cause de sa tristesse est antérieure à son hymen avec le notaire. Du reste, il n'arriva jamais à celui-ci de supposer que sa femme pût avoir une autre manière d'être. Il disait, dans sa perpétuelle et naïve bonne humeur, que cette chère épouse hantait constamment les nuages et q'' avait été plus d'une fois obligé, pour l'atteindre, de se servir du procédé d'Eucelade et d'escalader les cieux.

Madame Poirson, qui n'avait pas eu d'enfant de son mariage et dont l'âme tendre éprouvait un vide, que l'affection de son mari, nous l'avouons à regret, ne parvenait pas à combler, s'était éprise d'un amour quasi-maternel pour une jeune personne, appelée Clotilde, que le hasard avait amenée dans son voisinage.

Clotilde était la sœur de M. Thomas, voisin du notaire, et, comme on le sait déjà, percepteur du

hameau. C'est une toute jeune fille dont les charmes naissants se sont développés sous le beau ciel
de la Provence. On le comprend tout d'abord, cette
plante exotique n'a jamais été caressée que par les
chaudes haleines des pays méridionaux, car elle
frissonne à la brise des montagnes. Clotilde est
brune. Sa taille petite, mais d'une élégance ex-
trême; son pied de Chinoise, sa main qu'envierait
la Grisi; sa bouche, écrin précieux où s'alignent
des perles; ses grands yeux noirs, qui tantôt se
montrent chargés d'une douce langueur et tantôt
brillent comme des étoiles, tout se réunit pour faire
de la sœur de M. Thomas un parfait modèle de
beauté.

Quant au percepteur, dont nous allons tracer en
quelques mots la silhouette, c'est un homme dont
les qualités morales sont loin de racheter la lai-

deur physique. Grand, mal bâti, le visage atroce-
ment labouré par la petite vérole, le nez couvert
de tous les bourgeons de l'intempérance; les dents
couleur de suie, grâce à l'usage immodéré de la
pipe; le regard louche et faux, les bras d'une longueur effrayante et terminés par deux espèces de
pattes de crabe... voilà le portrait le plus impar-
tial que nous puissions donner de M. Thomas.

Parmi les notes secrètes du ministère des finances,
on peut lire encore aujourd'hui ces trois épithètes
gracieuses, accolées à son nom : Joueur, ivrogne
et débauché.

Thomas avait perdu, par sa mauvaise conduite,
une perception beaucoup plus lucrative.

On l'avait relégué, pour le punir, dans un pauvre hameau des Vosges. Ce châtiment administratif augmenta soudain le nombre des qualités né-

gatives du percepteur, en y joignant l'hypocrisie.

Dès lors il parut s'amender, joua l'homme grave,

et son extérieur, presque décent, permit au notaire

et à sa femme de le recevoir dans leur intimité.

Toutefois certains bruits fâcheux circulèrent bien-

tôt sur le compte de Thomas.

Pierre Denis, à l'oreille duquel ils parvinrent

d'abord, en fit part à M. Poirson, qui informa se-

crètement et réussit à se convaincre que les notes

prises au ministère des finances se trouvaient par-

faitement exactes. On tint conseil à l'instant même,

et il fut décidé que le percepteur serait tout dou-

cement, petit à petit, sans scandale, éliminé du

cercle. Mais, sur les entrefaites, Thomas ayant

reçu la nouvelle de la mort de son père, se mit en

route pour la Provence, et revint deux mois après

avec Clotilde, dont il s'était fait nommer tuteur. Il

présenta la jeune fille à ses connaissances du hameau, ce qui fit immédiatement révoquer la décision prise à son égard.

Clotilde était si jolie, si douce, elle semblait si malheureuse d'avoir quitté son riant climat, ses bois d'orangers en fleurs et ses plaines embaumées de la Provence, pour venir habiter cette froide région des Vosges ! La proscription lancée contre M. Thomas doit-elle retomber sur la tête de cette belle jeune fille? Punira-t-on la sœur des désordres du frère ? Il résulta de toutes ces considérations que la joie de posséder Clotilde fit tolérer le percepteur. Il fut permis au hibou d'accompagner la colombe.

On ferma l'œil sur les dérèglements de Thomas. Son voyage dans le Midi semblait avoir triplé ses ressources. Il faisait, disait-on, de fréquents voyages à la ville voisine où il entretenait des maîtresses et jouait un jeu d'enfer. Mais on se bouchait les oreilles pour ne pas entendre la relation de ses orgies frénétiques. On prétendait même que les mauvaises langues y mettaient beaucoup d'exagération et que bien des choses frisaient la calomnie. Bref, on tenait à Clotilde et cela donnait beaucoup d'indulgence. Ainsi que nous l'avons annoncé, la femme du notaire en raffolait.

Dès les premiers jours de l'arrivée de la jeune fille, madame Poirson conçut un plan, qu'elle ne tarda pas à conduire à bonne fin. Prenant, un soir, dans son salon, le percepteur à l'écart, elle lui représenta que, forcé, comme il l'était, de s'absenter fréquemment pour remplir les devoirs de sa charge, il n'était ni prudent ni convenable de laisser Clotilde seule à la garde de sa maison.

— Votre sœur, lui dit-elle, serait chez moi beaucoup mieux à sa place, et, si vous y consentez, je me charge de lui tenir lieu de la mère qu'elle a perdue.

M. Thomas ne fut pas difficile à convaincre. D'ailleurs, il voyait pour lui dans cet arrangement une liberté beaucoup plus grande.

Depuis deux jours, Clotilde était donc installée chez le notaire, lorsque madame Poirson, dont le mari venait de sortir pour inventorier les meubles d'une ferme assez éloignée, reçut une visite étrange et presque effrayante.

Un homme d'une stature gigantesque vint sonner à la grille.

Cet étranger portait un large chapeau de montagnard, sous les bords duquel descendaient en désordre des cheveux grisonnants. Sa figure, hâlée par le soleil, avait un cachet de rude bonhomie et de franchise sauvage, et ses petits yeux, d'un gris clair, ombragés par d'énormes sourcils, affrontaient intrépidement toute espèce de regards. Au travers de leur calme transparence, on devinait l'homme aux mœurs intègres, le pauvre justement orgueilleux, qui n'a rien à craindre du mépris du riche et saurait, au besoin, faire respecter sa misère. Il avait une barbe inculte qui lui tombait jusqu'au milieu de la poitrine. Un surtout de peau de chèvre était jeté sur ses épaules, et des guêtres de même nature lui montaient jusqu'aux genoux.

Voyant, après avoir sonné une première fois, que personne ne venait lui ouvrir, il sonna plus fort et donna contre la grille plusieurs coups d'un bâton ferré qu'il tenait à la main. Une servante accourut. Mais, à l'aspect du visiteur, elle s'enfuit et poussa des cris d'épouvante.

— Ah! grand Dieu, madame! s'écria-t-elle en se précipitant tout effarée dans le salon, c'est le jeteur de sorts!

— Qui cela? demanda madame Poirson.

— Le pâtre du Honneck... André!

— Serait-il possible? dit la femme du notaire. Alors nous sommes menacés de quelque grande infortune, car André ne descend au hameau que pour annoncer une catastrophe ou prédire un malheur.

Cela dit, elle s'empressa d'aller ouvrir elle-même. Clotilde s'était discrètement retirée. Le pâtre fut introduit, et, pendant deux heures entières, il eut une mystérieuse conférence avec la maîtresse de la maison. Quel fut le sujet de leur entretien? Pourquoi madame Poirson prolongeait-elle la visite d'un tel personnage? Que pouvait-il lui dire ou lui révéler dans ce long tête-à-tête? Voilà ce qu'il nous est impossible d'expliquer pour le moment à nos lecteurs. Seulement, quand le pâtre prit congé de la femme du notaire, le visage de celle-ci portait l'empreinte d'une joie céleste. Ses joues étaient inondées de douces et heureuses larmes; elle s'écriait, en pressant avec effusion la main d'André :

— Merci ! merci ! je vous dois le seul instant de bonheur que j'aie goûté depuis vingt ans. Mon Dieu ! moi qui tremblais que votre présence ne m'annonçât une infortune ! Je vais donc enfin trouver un but à ma vie !... Oh ! pourquoi m'avoir laissée jusqu'à présent dans l'incertitude, André ? Vous ne savez pas tout ce que j'ai souffert.

— Madame, répondit le pàtre, si j'avais donné plus tôt l'éveil à votre cœur, vous eussiez mis de côté toute mesure de prudence ; vous vous seriez révoltée contre une séparation nécessaire... et votre époux aurait pu conserver des soupçons. Jamais ce secret ne doit venir à sa connaissance, autrement le calme de votre ménage serait perdu sans retour.

— Vous avez raison, dit-elle : soyez tranquille, André, je serai prudente ; je réprimerai tous les élans de ma tendresse.

— Il en doit être ainsi, madame, pour votre repos et pour le mien... car je l'aime aussi, moi ! je l'aime comme si j'étais son père.

— A bientôt, André !

— Oui, madame, à bientôt.

Le pâtre quitta le salon. La femme du notaire s'agenouilla devant une image du Christ et joignit les mains, en murmurant avec une pieuse re-connaissance :

— Soyez béni, mon Dieu, qui m'accordez cette consolation suprême, après de longues années de désespoir !

Cependant André n'était pas sorti du logis. Au lieu de traverser la cour, il prit à droite et pé-nétra dans celui des pavillons où se trouvait l'étude du notaire. Celui-ci n'était pas encore rentré, mais le pâtre résolut de l'attendre. En conséquence, il écarta sa casaque de peau de chèvre et tira d'une ceinture de cuir, qui lui ser-rait les flancs, dix rouleaux cachetés, plus un petit portefeuille de maroquin vert. Il déposa le tout sur le bureau voisin, prit un siége et s'assit, en poussant un soupir de satisfaction. Vingt minutes après, le notaire parut.

La première impression que produisait le pâtre était toujours une impression d'effroi. André s'apercevant que M. Poirson se troublait à sa vue, lui dit avec un accent d'amertume :

— Je n'ai jamais fait que de bonnes actions dans le pays, et les plus honnêtes gens me redoutent comme si j'étais un malfaiteur.

— Mais non, cela n'est pas, André... cela n'est pas, je vous assure, dit le notaire, honteux d'avoir cédé lui-même au préjugé général. C'est que votre costume est si bizarre... vous rompez si brusquement en visière à la civilisation... Dame! après tout, si vous consentiez à vous couvrir de vêtements moins excentriques, si votre menton n'était pas ennemi du rasoir et si vous mettiez un œil de poudre... bien certainement, André, vous seriez un homme comme un autre... Çà voyons, mon brave, qu'y a-t-il pour votre service?

— Je suis venu, dit le pâtre, pour causer d'affaires.

— Ah! ah! fit M. Poirson avec un petit rire moitié bienveillant, moitié moqueur, nous avons peut-être des fonds à placer?

— Précisément, répondit André, qui étendit en même temps la main vers les rouleaux et le portefeuille déposés près de là.

Le notaire fit un bond de surprise; mais le pâtre ajouta, sans s'émouvoir :

— Il y a dans chacun de ces rouleaux cinquante doubles napoléons, et ce portefeuille contient vingt-cinq billets de banque... Comptez, monsieur!

2

C'est quarante-cinq mille francs, à placer sur première hypothèque.

— Où diable avez-vous pris une pareille somme? s'écria le notaire qui ne revenait pas de sa stupeur.

— Peu vous importe... répondit le pâtre d'un ton digne et ferme : je ne l'ai pas volée.

— Dieu me préserve de concevoir de vous un pareil soupçon, mon ami! Néanmoins, la surprise ne m'est pas défendue; car chacun vous croyait dans la plus profonde misère.

— On avait tort, vous le voyez, dit le pâtre : le ciel a béni mes obscurs travaux... Mais il me reste un autre service à vous demander.

— Lequel ?

— Il y a huit jours, vous avez renvoyé votre maître clerc, et vous avez besoin d'un jeune homme actif, intelligent, sur qui vous puissiez vous reposer des occupations de votre charge et qui ait, en outre, assez de fortune pour acheter l'étude, après quelques années de stage?

— Vous êtes très-bien informé, mon brave... Auriez-vous quelqu'un à m'offrir ?

— Je vous propose mon fils, répondit le pâtre, qui regarda fixement le notaire.

— Votre fils, André?... Plusieurs fois, en effet, on m'a dit que vous aviez un enfant et que vous lui donniez même une éducation brillante. Je regardais ce bruit comme absurde. Que diable, vous n'avez jamais été marié pourtant?

— Jamais, répondit le pâtre.

— Ah ! décidément, mon cher, s'écria M. Poirson, vous êtes sorcier! très-sorcier ! Je commence à me ranger à l'avis commun. Rien de ce que

vous dites, de ce que vous faites, de ce qui vous
arrive n'est dans la nature. On vous croit pauvre,
et vous m'apportez quarante-cinq mille francs !
Demain, vous êtes capable de m'en apporter cent
mille ! Vous n'avez jamais contracté mariage, et
vous avez un fils...

— Il n'est pas besoin d'être sorcier pour cela,
dit le pâtre en souriant. Si vous n'avez pas d'autres
preuves...

— C'est juste, fit le notaire, qui se frappa le
front et se mit à rire aux éclats, je déraisonne, ma
parole d'honneur ! Il est certain qu'il est fort inutile... parbleu ! cela se voit tous les jours. Où diable
avais-je la tête ? Ah ! ma foi, mon cher, convenez
aussi que vous en démonteriez de plus fortes que
la mienne ! Vous me faites l'effet d'une énigme
ambulante et d'un logogriphe en haillons. Depuis

vingt ans et plus que vous logez là-haut sur la cime du Honneck, votre existence n'a jamais été qu'un long mystère. On a peur de vous, comme on a peur d'un mécanisme dont on ne connaît pas les rouages, comme on a peur de tout ce qui échappe aux investigations humaines. N'importe, André, je vous crois fermement un honnête homme.

— Merci, dit le pâtre, en pressant la main que le notaire lui tendait. Vous acceptez mes propositions? Je puis vous amener mon fils?

— Aujourd'hui, si bon vous semble, André.

— C'est convenu... L'argent que vous allez placer doit servir à vous acheter l'étude. Vos prétentions s'élèvent, je crois, à quarante mille francs : nous ne marchanderons pas, et vous pourrez vous payer vous-même. Au revoir, monsieur Poirson !

2.

— Vous oubliez un reçu de la somme, dit le notaire.

— C'est parfaitement inutile... A ce soir.

Le pâtre prit son lourd bâton de montagnard, enfonça son large chapeau sur ses yeux et sortit du pavillon. Il traversa le hameau, sans paraître remarquer que chacun s'écartait de son passage ; les petits paysans se réfugiaient sous l'embrasure des portes et dans l'obscurité des granges, pour se montrer de loin le sorcier de la montagne.

Mais il est temps enfin de donner quelques détails sur le singulier personnage que nous mettons en scène.

## II

Vers 1815, après la chute définitive de l'Empereur et la seconde rentrée des Bourbons, un soldat dont l'uniforme était souillé de poussière, et qui semblait harassé par les fatigues d'une longue et pénible route, s'avançait au milieu du hameau que nos lecteurs connaissent. Il examinait toutes les chaumières. Enfin, il s'arrêta devant l'une des plus chétives; mais elle se distinguait des habitations voisines par ses murailles tapissées de vigne sauvage et par un énorme buisson de houx, suspendu à la porte d'entrée.

Le soldat pénétra dans une salle obscure, dont l'ameublement consistait en cinq ou six escabeaux boiteux, rangés autour d'une large planche de sapin qu'on avait clouée sur quatre solives fichées dans le sol. Ne voyant personne à qui s'adresser, l'inconnu frappa du poing sur cette table improvisée et parla misère. Bientôt parut une robuste montagnarde, portant entre ses bras un nourrisson joufflu.

— Bon! se dit l'étranger, voici mon affaire. Un cruchon de piquette, ma belle? ajouta-t-il à haute voix. Donnez le marmot, je le tiendrai pendant que vous descendrez à la cave.

Un instant après, la paysanne déposait sur la table le cruchon demandé.

— Savez-vous lire? fit le soldat, qui prit en même temps un papier sous son frac entr'ouvert.

— Non, répondit-elle.

— Eh bien, courez chez le maître d'école et faites-lui déchiffrer cette lettre à votre adresse : il reconnaîtra l'écriture, c'est de la même personne qui vous a déjà plusieurs fois envoyé des messages..... Je pourrais bien vous dire ce que l'épître contient; mais vous n'êtes pas obligée de me croire sur parole.

— Et l'enfant? demanda la paysanne.

— Je le bercerai sur mes genoux... courez vite!

Elle se dirigea vers la demeure du magister, et dix minutes ne s'étaient pas écoulées qu'elle rentrait tout émue.

— Vous venez me reprendre mon nourrisson, dit-elle... mais il y a dans le voisinage une personne qui, chaque jour, vient le voir en cachette... Elle mourra de chagrin...

— C'est fâcheux ! répondit le soldat. Je ne connais que ma consigne... et les ordres de mon colonel sont positifs... Il m'a chargé de vous payer les mois de nourrice, continua-t-il, en jetant sur la table huit à dix pièces d'or : les voilà !... J'emporte l'enfant.

— Que la volonté de Dieu soit faite ! murmura la paysanne, en s'essuyant les yeux du coin de sa robe de bure. Pauvre cher innocent ! faut-il qu'on me le retire avant qu'il soit sevré !

— Ceci me regarde, dit l'inconnu.

Il présenta l'enfant aux derniers baisers de sa nourrice, et s'éloigna de la chaumière avec son fardeau qui pleurait. On ne devait plus entendre parler ni du soldat ni du nourrisson.

Mais, à peu près vers la même époque, un vieux pâtre de chèvres, qui avait élu domicile au sommet du Honneck, étant venu à mourir, les habitants de la vallée furent très-surpris de lui voir un successeur.

Celui qui avait fait l'acquisition d'un troupea de chèvres presque sauvages et d'une cabane en ruines ne tarda pas à être l'objet de la curiosité générale. C'était un homme assez jeune encore, de taille plus qu'ordinaire. On l'apercevait du fond de la vallée, debout sur les élévations les plus ardues, grave, immobile, ressemblant au génie de la montagne; et, quand venait l'heure de rallier ses chèvres, chacun s'étonnait de l'audace étrange avec laquelle il franchissait rochers, torrents et précipices. On résolut de l'examiner de près, et plusieurs tentatives eurent lieu à cet égard.

L'ancien pâtre avait la réputation de fabriquer d'excellents fromages : le nouveau sans doute aura précieusement conservé la recette. En conséquence, les plus curieux gravirent, un beau matin, jusqu'à la cabane aérienne. Mais André, voyant les montagnards approcher de sa demeure, marcha droit à eux et leur demanda, d'une voix de tonnerre, où ils allaient et ce qu'ils voulaient.

— Nous allons chez vous, répondirent-ils, et nons voulons des fromages.

— Eh bien, dit le pâtre, je vous conseille de vous en retourner les mains vides. Un marchand de Rambervillers monte ici toutes les semaines, il m'achète mes provisions.

Les curieux insistèrent et firent mine de vouloir passer outre. Alors André se redressa d'un air menaçant et leur montra son bâton noueux.

— Arrière ! cria-t-il. Malheur à celui d'entre vous qui passerait le seuil de cette cabane !

Comme les montagnards tenaient médiocrement à se faire assommer par le pâtre, ils redescendirent au hameau. Ce jour était un dimanche, et le reste des habitants les attendaient sur la place de · l'église. On sut bientôt de quelle manière ils avaient été reçus; on se moqua de leur frayeur, on les taxa de couardise, et quelques jeunes filles; suivies de leurs amoureux, décidèrent immédiatement une seconde ascension.

Le pâtre était sur ses gardes. Il vit cette nouvelle troupe se glisser, rieuse et folâtre, sous le rideau noir des sapins.

— Eh! bonjour, mes jouvencelles! s'écria-t-il en s'avançant à la rencontre des jeunes paysannes. La montée du Honneck est rapide et vous avez besoin de rafraîchissements. Faut-il vous servir une tasse de lait?

3

— Nous voulons bien, dirent-elles, en se regardant toutes surprises de cet accueil amical.

Le pâtre siffla. Deux jolies chèvres blanches,
qui paissaient les bruyères fleuries, accoururent
avec mille gambades joyeuses.

André les flatta doucement.

— Çà, mes bichettes, avons-nous la mamelle
pleine?... Oui-dà!... Voyez comme elles sont gen-
tilles! Elles étaient sauvages, et quelques heures
ont suffi pour les apprivoiser de la sorte... Car,
ajouta-t-il gravement, je me mêle un peu de sortilége.

— Quoi! s'écrièrent les paysannes, vous êtes
sorcier, monsieur le pâtre?

— Oh! pas beaucoup! dit André.

Pendant cet intervalle, il avait pris à sa ceinture
une écuelle de bois et s'occupait à traire l'une des

chèvres. L'écuelle remplie, le pâtre la plaça sur sa tête et leva ses yeux au ciel, en murmurant une espèce de conjuration. Puis il posa l'écuelle à terre, fit un cercle à l'entour, et, frappant deux petits coups sur le dos de celle des chèvres dont il n'avait pas épuisé la mamelle, il lui montra la cabane, assise un peu plus haut, à cinquante pas de distance. La chèvre prit sa course en bondissant, et les témoins de cette scène étrange la virent entrer dans la demeure du pâtre.

— Que faites-vous donc là ? demandèrent les jeunes filles, effrayées de ces préparatifs mystérieux.

— Ah! voici, mes gazelles! Je vous porte beaucoup d'intérêt, et je désire vous témoigner combien je suis reconnaissant de votre visite. Vous êtes là dix ou quinze, toutes fraîches et toutes roses, et vous pourriez tôt ou tard prendre un mari qui vous ferait perdre ces douces couleurs. Croyez-moi, rien ne détériore une femme comme le ménage! Or, ma chèvre est allée me chercher là-bas une branche de verveine. Lorsqu'elle sera de retour, je tremperai ladite branche dans ce lait, sur lequel je viens de prononcer des paroles magiques. Je vous aspergerai toutes, vous boirez l'une après l'autre quelques gorgées du reste... puis, si vous ne coiffez pas sainte Catherine, il y aura de la malice!

Les paysannes s'entre-regardèrent, pâles et glacées d'effroi. Celle qui se trouvait la plus proche du sentier tortueux, conduisant au bas de la montagne, s'y précipita vivement. Une seconde imita son exemple, puis une troisième, puis toutes s'enfuirent à la fois, ayant bien soin d'entraîner leurs amoureux, dans la crainte que le sorcier ne leur jouât quelque mauvais tour.

ANDRÉ LE SORCIER 41

André, resté seul, avala tout le contenu de son écuelle et la rattacha par un cordon de cuir à sa ceinture.

— Bon! dit-il, pauvres fillettes!... il n'y a pas de danger qu'elles y reviennent!

Il rentra dans sa hutte, où la seconde chèvre était occupée à tout autre chose qu'à chercher une branche de verveine. L'excellente bête avait compris le signal de son maître. André la trouva près d'un berceau d'osier, placé tout exprès à sa hauteur. Elle donnait son lait à un jeune enfant, qui pressait de ses petites mains la mamelle rebondie.

Nos lecteurs ont deviné que le pâtre et le soldat sont un seul et même personnage. Mais le costume adopté par le nouvel hôte du Honneck le déguisait fort bien. La nourrice elle-même fut à cent lieues de reconnaître André, lorsque celui-ci parut au

hameau, dans la matinée du lendemain, pour soumettre ses papiers au maire. Il déclara positivement à ce magistrat qu'il voulait vivre seul et lui
donna des explications dont celui-ci fut apparem-
ment satisfait, car il défendit aux habitants de
troubler à l'avenir la tranquillité du pâtre. Cette
défense devenait inutile : la mystification d'André
à l'égard des jeunes paysannes portait déjà ses
fruits, et la crédulité des villageois ne demandait
qu'un aliment.

Le pâtre fut tenu pour un sorcier du premier
ordre. Jamais un montagnard ne s'aventurait à
une distance de plus de trois cents pas de la hutte
du Honneck; il eût cru voir aussitôt tomber sur sa
tête une pluie de sorts et de maléfices. Plusieurs
faits extraordinaires, qui eurent lieu par la suite,

prêtèrent plus de poids encore aux accusations de sorcellerie dirigées contre André... Comme tous les hommes vivant dans la solitude, il était doué d'une espèce de seconde vue, qui donnait à ses jugements et à ses actes une vérité terrible, une promptitude effrayante.

Un assassinat fut commis dans le voisinage, et la justice allait condamner un innocent, lorsque André parut au hameau, marcha droit à la porte du véritable meurtrier et découvrit les preuves du crime aux spectateurs muets d'épouvante. On ne comprenait pas et l'on tremblait; rien pourtant n'était plus simple. Un mois auparavant, le pâtre avisait chaque jour un homme à figure sinistre en embuscade sous les plus sombres avenues de sapins. Il se mit à épier ce misérable et le vit se précipiter sur un voyageur, en lui portant un coup

mortel. André courut au secours de la victime, il
était trop tard. Mais une neige fine et serrée, qui
tombait alors, lui permit de suivre les traces de
l'assassin. L'empreinte formée sur la neige le conduisit directement à l'une des premières maisons
du hameau.

— C'est là! se dit le pâtre, et il attendit le moment d'agir.

Un autre jour, il sauva d'un acte de désespoir
une pauvre jeune fille séduite et la retira des flots
écumeux du torrent, au sein desquels la malheureuse allait disparaître. Il la transporta sur-le-champ
dans la propre maison du séducteur, et fit à celui-
ci, en présence de témoins, l'histoire de ses secrètes amours. Le rustique Lovelace avait nié jusqu'alors; il se troubla devant les révélations posi-
tives du sorcier. Le mariage eut lieu, grâce au

pâtre, qui avait surpris tous les rendez-vous des amants dans la montagne.

Enfin, une chose tenant du prodige était arrivée plusieurs mois avant les événements qui commencent notre récit. M. Thomas, l'honorable percepteur avec lequel nous avons déjà fait connaissance, allant porter une somme assez considérable à la recette particulière, fut victime, en plein jour, du vol le plus imprévu. C'était à l'époque de la fenaison, la vallée se trouvait couverte de faucheurs; néanmoins aucun d'eux ne put arriver à temps pour s'emparer de l'homme qui venait de terrasser M. Thomas. L'audacieux malfaiteur disparut, au milieu des détours de la forêt. Chacun put voir seulement qu'il était de très-petite taille, mais extrêmement robuste. Dix mille francs avaient été volés. M. Thomas ne devait pas en être respon-

3.

sable, puisque trente ou quarante personnes pouvaient certifier la lutte et la résistance.

Or, le soir même de l'aventure, le pâtre entra chez le percepteur, auquel il remit un sac contenant la somme entière.

M. Thomas devint plus pâle que la mort. André lui glissa ces mots à l'oreille :

— Je sais tout... Que le gouvernement ne soit plus volé, sinon je parle !

Notre héros passa vingt années de la sorte, se révélant à son entourage par des faits d'autant plus extraordinaires en apparence qu'il ne prenait pas la peine de montrer le dessous des cartes et de donner la moindre explication. Sa vie d'intérieur avait quelque chose d'antique et de patriarchal. L'effroi qu'il inspirait ne permettait plus aux curieux d'approcher de sa demeure, sans quoi chacun aurait pu le voir guider sur la bruyère les premiers pas d'un bel enfant, dont il avait, seul, -les caresses et les sourires. André semblait avare de son trésor; il s'efforçait de le dérober à tous les yeux. Comme sa hutte était bâtie sur un plateau découvert, il établit autour une haute palissade, à l'abri de laquelle l'enfant pouvait gambader et développer ses jeunes membres.

Ces premières années de séjour sur le Honneck furent pour le pâtre une époque d'émotions délicieuses et de joies sans nuages. Paul, — c'était le nom de l'enfant, — nommait André son père. Il grandissait à vue d'œil, et bientôt un vaste horizon, se trahissant au travers des claires-voies de la barricade, lui apprit qu'il existait quelque chose en dehors de l'espace de vingt pieds carrés et de la cabane, qui pour lui, jusqu'à ce jour, avaient été le monde. André le conduisit alors dans le voisinage et jouit de ses surprises naïves, de ses exclamations joyeuses. Quand les petites jambes de Paul étaient fatiguées, le pâtre sifflait un énorme chien de montagne, au poil fauve et rude, qui accourait lécher les mains de l'enfant et l'invitait du regard à monter sur son dos. Cet excellent animal s'appelait Fox. En le baptisant de la sorte, André cédait à ses rancunes de Français et de soldat; il avait commis sans remords ce crime de lèse-Albion.

Bien que les promenades n'eussent jamais lieu du côté de la vallée, plusieurs bûcherons en furent témoins, et bientôt la malveillance fit courir un bruit qui s'accrédita partout aux alentours. On accusait le pâtre d'avoir volé un enfant. Pour la seconde fois, André se vit contraint de donner des explications au maire du hameau. Celui qui remplissait alors ces fonctions était l'oncle de Pierre Denis. Le pâtre lui confia tout ce qu'il pouvait livrer du secret dont il était possesseur.

Dès ce moment, André ne devait plus concevoir d'inquiétude ; néanmoins l'enfant disparut et l'on chercha vainement à connaître son sort.

Le pâtre se montrait seul au sommet du Honneck, appuyé sur son lourd bâton, restant ainsi debout des journées entières, immobile et sombre, comme une statue posée sur un piédestal cyclopéen. Seulement on observa qu'il faisait, de temps à autre, d'assez longues absences, laissant à la garde de Dieu sa cabane et ses chèvres. On voyait ces dernières errer sur la montagne et se suspendre au bord des précipices comme un troupeau de chamois.

Où allait André ? Quel était le but de ces courses

mystérieuses? Longtemps on resta dans la plus complète ignorance à cet égard. Enfin quelques villageois le rencontrèrent sur les routes de l'Alsace, et Pierre Denis, qui, pour vendre les produits de sa ferme, faisait assez souvent le voyage de Strasbourg, aperçut un beau matin, sur la place de la cathédrale, André, dépouillé de son costume de pâtre et donnant le bras à un jeune collégien de fort bonne mine. Surpris en chapeau neuf, en cravate noire et en redingote à la propriétaire, le gardeur de chèvres parut déconcerté.

Toutefois il se remit presque aussitôt, et montrant le jeune homme qui l'accompagnait au maître de la ferme-modèle :

— Monsieur, lui dit-il, voilà mon fils.

— Diable !... un joli garçon ! Je vous en fais mon compliment.

— Veuillez ne pas trahir, je vous prie, le secret de cette rencontre.

— Bien! vous pouvez être tranquille, mon brave André, dit Pierre, auquel son oncle avait donné jadis des détails honorables sur la conduite du pâtre. Soyez problème tant qu'il vous plaira, je ne chercherai pas à vous résoudre, et je n'exciterai la curiosité de personne par d'indiscrets commentaires.

Le fermier tint parole et le pâtre lui en eut la plus vive reconnaissance. Lui qui jusqu'alors n'avait voulu recevoir âme qui vive dans son domaine escarpé, se décida pourtant à y accueillir Pierre.

Chaque fois que l'une des circonstances, mentionnées précédemment, le faisait descendre au hameau, les curieux le voyaient toujours entrer à la ferme avant de regagner la montagne. Dès lors

on attribua la prospérité croissante de Pierre Denis
et son bonheur, devenu proverbial, à ses relations
habituelles avec le sorcier.

Nous savons déjà ce qu'il faut soustraire de cette
somme de félicité qu'on accordait si libéralement
au mari de Rosine. Sans entrer dans plus de détails, nous reprendrons ici le fil de notre histoire.

## III

Nous avons laissé le pàtre quittant la maison du notaire et traversant le hameau d'un pas ferme, sans paraître déconcerté le moins du monde par les signes de terreur que chacun donnait sur son passage. Arrivé devant l'esplanade, à l'extrémité de laquelle s'élevait l'église, il tourna les yeux vers le cadran de l'horloge.

— Bon ! se dit-il à lui-même, la route est à une portée de fusil, la diligence ne passe qu'à trois heures... je puis donc entrer chez mon ami Pierre.

Et, faisant un quart de couversion à gauche, il pénétra dans la cour de la ferme.

Au fond de cette cour, dont nous avons esquissé déjà la physionomie champêtre, se trouvait un perron à double rampe. La grille était entourée de plantes grimpantes et de clématites roses, qui s'élançaient à l'aide de fil de laiton jusqu'au mur de façade, et formaient au-dessus de la porte une voûte gracieuse de verdure et de fleurs.

Après avoir franchi le seuil, André se trouva d'abord dans une vaste pièce, servant à la fois de cuisine et de laiterie. La cheminée, dont le large manteau pouvait abriter quinze personnes, supportait des jattes de crème et de paniers d'oseraie remplis de pains de beurre, destinés aux marchés d'alentour. Sur des planches fixées aux murailles étaient entassées pêle-mêle des piles de fromage.

La batterie de cuisine, en cuivre ou en étain, témoignait par son brillant de la propreté de la ménagère. Cette pièce était déserte, et le pâtre allait pénétrer jusqu'au cœur du logis, lorsque des éclats de voix frappèrent son oreille. Il distingua, partant d'une chambre voisine, les sanglots d'une femme, que dominait le langage brusque et heurté d'un homme en colère.

— Pauvres enfants ! dit André, six mois de mariage à peine, et déjà malheureux !

Craignant de paraître indiscret en se montrant au milieu d'une scène conjugale, il allait rebrousser chemin, quand une porte s'ouvrit tout à coup avec violence.

Pierre Denis, la tête nue, le visage enflammé, s'offrit aux regards du pâtre.

— C'est vous, André? s'écria-t-il. Eh bien ! rentrez avec moi, vous serez notre juge.

. En même temps il le poussa dans la chambre, où Rosine, assise et la tête cachée dans ses mains, sanglotait à fendre l'âme.

— Voyez, dit Pierre, en désignant la jeune femme, croirait-on jamais que cette grande douleur n'ait point de cause, que rien ne justifie ce désespoir? Grâce à d'absurdes caprices et au délire d'une imagination malade, je vais passer pour un époux indigne, pour un brutal, pour lâche se plaisant à torturer un être faible.

— Oh ! dit le pâtre, ceux qui vous connaissent, monsieur Pierre, ne feront jamais de pareilles suppositions.

— Détrompez-vous, André... Quand une femme pleure et se lamente, chacun s'empresse de donner tort au mari. Puis-je trahir les secrets du ménage et rejeter sur Rosine, en me disculpant, toutes les souffrances de notre intérieur ? M'abaisserai-je à donner des explications à mes domestiques ? irai-je leur dire à quels injurieux soupçons je me trouve constamment en butte ? Je dois me taire, et mon silence est, aux yeux de tous, une preuve de culpabilité. Madame, ajouta-t-il en faisant approcher le pâtre, nous avons là devant nous un véritable ami, digne en tout point de notre confiance. Accusez-moi de nouveau ! Dites-lui tous les crimes dont il vous plaît de me noircir, et, s'il me condamne... eh bien ! ma cause sera perdue sans appel, et je vous jure de me soumettre dorénavant à toutes vos exigences.

— Voyons, ma chère enfant, dit André, qui prit la main de la jeune femme et la pressa doucement

dans la sienne, contez-nous vos chagrins, peut-
être y trouverons-nous un remède.

— Hélas! dit Rosine, dont le beau visage était
inondé de larmes, Pierre ne m'aime plus!

— Vous l'entendez, mon ami, je ne l'aime plus!...
Voilà le principe fondamental de l'accusation,
tirez maintenant les conséquences. Depuis le jour
où madame a fait cette jolie découverte, je suis le
plus misérable de tous les hommes. Si je quitte le
logis un instant, si je me livre à quelques voyages,
toutes ces démarches deviennent autant de circonstances aggravantes ; car j'essaierais en vain
de prouver que je m'occupe uniquement de mes
affaires et des intérêts de ma ferme... Allons donc!
Je n'aime plus Rosine : en conséquence, je dois
aller soupirer quelque part aux genoux d'une autre
belle. Ce raisonnement est sans réplique. Il est

vrai que je cache fort bien mon jeu... Comment donc? que je ne donne aucune prise au commérage, et l'objet de mes nouvelles amours s'enveloppe des ombres du mystère... Mais je n'en suis que plus coupable, morbleu !

— Oui, s'écria Rosine en se frappant le front avec désespoir, votre conduite est odieuse, déloyale... vous me ferez mourir !

Le fermier regarda le pâtre avec un air de découragement profond.

— C'est de la folie, murmura-t-il, et voici tantôt trois mois que cela dure... trois mortels mois, André ! Mes serments, mes protestations, rien n'a pu la guérir. Après avoir inutilement mis en usage toute la logique de la tendresse conjugale, après avoir épuisé les moyens de douceur, j'ai senti pour la première fois l'irritation gronder dans mon âme. Lever la main sur elle serait une chose monstrueuse, une lâcheté sans nom... Pourtant il m'arrive parfois de la quitter, de m'enfuir, pour m'épargner des remords éternels. Le caractère le plus doux, exposé nuit et jour à des taquineries incessantes, devient féroce ; l'agneau se change en tigre... Je n'y tiens plus ! Cela doit finir d'une manière ou de l'autre. Qu'elle prenne la moitié de ma fortune et qu'elle s'éloigne... ou je partirai, moi ! J'irai me cacher à l'autre bout du monde. Mais vivre de la sorte, sentir à chaque minute une main impitoyable déchirer la blessure qu'elle a faite, n'avoir ni repos, ni trève, ni merci... souffrir, toujours souffrir !... c'est le supplice des damnés, c'est l'enfer !

En parlant ainsi, le fermier se promenait avec une agitation croissante de long en large de la pièce. Sa figure était écarlate ; d'énormes gouttes de sueur perlaient sur son front et sillonnaient son visage. Il suspendit sa marche et saisit la main du pâtre.|

— Adieu, murmura-t-il, j'étouffe... j'ai besoin d'air.

Mais André l'empêcha de sortir, et, faisant un geste rempli d'une supplication éloquente, il lui montra la jeune femme, renversée sur son siége, pâle comme une morte et menacée d'une crise nerveuse, dont ses membres éprouvaient déjà les atteintes. Le fermier sentit la colère faire place dans son âme à la compassion, lorsque jetant les yeux sur le visage de Rosine, il le vit couvert d'une pâleur mortelle et contracté par de douloureuses angoisses.

Comme un flambeau qui va s'éteindre, son amour

4

se réveilla pour jeter un éclat plus vif. Il se rappela les premiers jours de son hymen, premiers anneaux d'or destinés à former la chaîne de son bonheur et rompus si brusquement par une jalousie fatale. Un instant il s'accusa lui-même et se reprocha la dureté d'une explication dont les résultats étaient si déplorables.

Cédant à la prière muette du pâtre, l'œil humide et le sein palpitant, il s'élança vers Rosine, et bientôt elle se ranima sous les tendres caresses de son époux.

— Pardonne-moi ! s'écria Pierre, je suis un brutal, un insensé ! Dois-je ainsi verser du fiel au lieu de baume sur ta blessure ? A quoi me sert d'être un homme, si chez moi la force de caractère ne vient en aide à ta faiblesse ? Écoute, Rosine, ma bien-aimée, je te le jure en présence de Dieu qui nous entend, je te le jure sur mon salut éternel, jamais une autre femme que toi n'a fait battre mon cœur.

Toute mon affection t'appartient; je payerais d'une année de ma vie chacun de tes sourires... Oh ! dis, veux-tu croire à mon serment? Veux-tu redevenir ce que tu étais autrefois, douce, aimante, prodigue de tous les trésors dont le ciel a doué ta belle âme, et, comme autrefois, tu me verras à tes genoux, empressé, ravi, noyant mon regard dans ton regard, ivre de tendresse et de bonheur?

— Oui ! oui ! dit Rosine.

Elle essuya rapidement ses larmes et jeta ses deux bras au cou de son mari.

— Tu m'aimes, dit-elle, tu n'as pas cessé de m'aimer, nous recommencerons nos beaux jours !

— Ainsi, dit Pierre, plus de jalousie, plus de soupçons injurieux...

— Non... Mais il faudra dorénavant que nous restions toujours ensemble. Vous ne me quitterez plus chaque soir, comme vous le faisiez, n'est-ce pas, mon ami ?

— Sans doute... et, puisque tu dois être raisonnable à l'avenir, rien n'empêche que tu me suives aux réunions du notaire.

Le visage de la jeune femme devint pourpre et ses yeux éclatèrent d'une flamme soudaine.

— Il y tient! s'écria-t-elle, j'en étais sûre! Mais elle reprit aussitôt, en faisant sur elle-même un violent effort : — Notre intérieur sera si doux, si tranquille, pourquoi ne pas nous en contenter, Pierre?

— Parce que je ne me déciderai de ma vie à passer aux yeux de tous pour un stupide et grossier personnage! dit le fermier qui se releva brusquement. C'est mal à vous, Rosine, d'insister encore sur un pareil sujet, quand mille fois déjà je vous ai prouvé qu'une rupture avec nos voisins serait une malhonnêteté sans exemple, une impolitesse gratuite.

— Là ! là ! calmons-nous, fit André.

Pour ne gêner en rien la réconciliation, le pâtre s'était approché de la fenêtre et regardait dans la cour de la ferme. Entendant gronder un nouvel orage, il jugea convenable d'intervenir.

— Ma belle enfant, dit-il à la jeune femme, je vous trouve un peu trop... exigeante... Ah! ma foi, le mot est parti! Vos grands yeux ont beau me lancer des flammes... Tâchons de raisonner sans colère. En ce monde, il ne faut abuser de rien, pas même des meilleures choses. Mangez un peu des dragées huit jours de suite, et je consens à perdre

4.

ma plus belle chèvre, si, pendant tout le reste de
votre existence, vous ne fuyez comme la peste la
boutique des confiseurs. Eh bien ! le tête-à-tête
dans le mariage est une friandise dont il faut user
le plus sobrement possible... Donc vous auriez tort
d'empêcher votre mari de cultiver d'honnêtes et
paisibles connaissances...

— Il n'ira plus chez M. Poirson ! cria Rosine en
frappant du pied.

— Il ira, ma chère enfant, dit le pâtre, il ira
même plus souvent que d'habitude, et c'est moi
qui l'en prie !

— Quoi ! vous avez l'audace !... ici, dans cette
maison...

— Oui, certes, ici, dans cette maison, partout,
je prends en main la défense de la bonne cause.
D'ailleurs, je suis chez un ami, n'est-il pas

vrai, monsieur Pierre? et j'ai voix délibérative.

— Vous êtes chez moi, vous êtes dans ma chambre ! s'écria la jeune femme, au comble de l'exaspération. Libre à Monsieur de faire son ami d'un mendiant!... moi, je vous chasse...

— Rosine ! cria le fermier d'une voix terrible.

— Point de bruit, dit le pâtre, point de scandale... Il n'y a que les injures méritées qui offensent, et, chacun le sait dans le hameau, si je descends parfois de la montagne, ce n'est pas pour demander l'aumône. Je n'ai demandé que deux choses dans ma vie, un sac, contenant dix mille livres en or, et une mèche de cheveux blonds renfermée dans une lettre d'amour.

Rosine tressaillit. Sa figure, animée par la colère, se couvrit tout à coup de pâleur.

— Encore, poursuivit le pâtre avec le plus grand

calme, je réclamais ces deux choses au même personnage. Les dix mille livres avaient été volées à M. Thomas le percepteur ; la mèche de cheveux et la lettre d'amour avaient été surprises à l'innocente confiance d'une jeune fille, dont l'avenir se trouvait de la sorte à la merci d'un homme indigne d'elle.

La pâleur de Rosine augmentait à chacune des paroles d'André.

— A propos, dit le pâtre en s'interrompant, quelle heure est-il, monsieur Pierre?

Le fermier tira sa montre et répondit :

— Bientôt trois heures.

— En ce cas, dit André, je réclame un service de votre obligeance. Mon fils arrive aujourd'hui par la voiture de Strasbourg. Si vous consentiez à aller le premier à sa rencontre, j'irais bientôt vous rejoindre.

Il ajouta quelques mots à voix basse, en se penchant à l'oreille du fermier.

— Vous ne réussirez pas, mon ami, dit Pierre : elle est incorrigible !

A ces mots, il quitta la chambre, sans même jeter un regard sur sa femme, dont l'émotion subite lui avait échappé.

Le pâtre fouilla dans une poche de son surtout de peau de chèvre, prit un petit paquet cacheté et l'offrit à Rosine.

— Voici la mèche de vos cheveux, que vous aviez eu l'imprudence d'envoyer, il y a deux ans, à Jacques Belmat. La lettre que vous lui écrivîtes alors est sous le même pli. Recevez ce cadeau, madame, des mains du mendiant... il vous demande, en échange, de le croire incapable d'une action mauvaise.

— André, pardonnez-moi ! dit la jeune femme
très-émue. Mais comment cette preuve de ma fatale imprudence est-elle tombée en votre pouvoir ?

— Vous le savez, dit le pâtre en souriant, j'ai la
réputation de tout deviner et de tout connaître.

— Est-ce donc vrai que vous ayez des relations
avec le génie du mal? demanda Rosine, frisson-
nant de terreur.

— Non, répondit André, Satan n'est pas de mes
amis. Je suis un sorcier vertueux. Si quelqu'un m'a
conseillé, c'est bien plutôt votre bon ange, ma
chère enfant. Deux mots d'explication doivent vous
suffire. Jeune fille crédule, vous avez écouté jadis
les propos d'amour du garçon le plus débauché
de ce village... ne rougissez pas ! vous étiez loin
de vous douter alors du caractère odieux de Jacques,
et le ciel empêcha le misérable de flétrir votre in-

nocence. A peine le connûtes-vous que le mépris seul vous resta dans l'âme. Mais Jacques avait eu l'habileté de vous arracher le gage d'une faiblesse passagère. Lorsque vint l'époque où, sûre enfin d'avoir rencontré l'homme de votre choix, vous vous sentiez heureuse de l'espoir d'être bientôt à lui, Belmat vous apparut là menace à la bouche et la rage au cœur. Il déclara qu'il allait faire rompre vos fiançailles et publier d'anciennes relations... qu'il était libre de noircir à sa guise.

— C'est vrai, mon Dieu! dit Rosine.

— Aussi, le jour où Pierre vous conduisit à l'autel, vous trembliez à chaque instant de voir une main audacieuse arracher de votre front la couronne de fleurs d'oranger.

— Hélas! j'en serais morte de douleur et de honte!

— Je le savais, dit le pâtre ; voilà pourquoi j'ai cru convenable de jouer vis-à-vis de vous le rôle de la Providence. La veille de votre union, je suis venu sommer Jacques Belmat de quitter le hameau, pour n'y plus reparaître, et de me rendre auparavant les preuves matérielles dont il comptait appuyer sa calomnie.

— Mais, demanda la jeune femme, comment avez-vous pu le contraindre...

— S'il eût refusé, je l'envoyais au bagne. C'était lui qui, ce jour-là même, avait si facilement terrassé le percepteur devant plus de quarante personnes, et au beau milieu de la prairie. Sur les dix mille livres qu'il devait ensuite remettre à un complice... que je ne nommerai pas, on lui en eût prêté cinq mille pour subvenir aux frais d'un enlèvement.

— Ainsi, vous êtes mon sauveur, André! dit Rosine en versant des larmes de reconnaissance. Pourquoi ne l'ai-je pas su plus tôt?

— Vous l'eussiez ignoré toujours, si l'éclat fâcheux auquel vous vous êtes livrée tout à l'heure n'eût rendu nécessaire une révélation. Pardonnez-moi d'avoir lutté contre vos désirs, en exhortant votre époux à ne pas rompre avec le voisinage. Le fermier sentait assez lui - même l'inconvenance d'une pareille conduite. Et puis, un mot suffira pour achever de me justifier à vos yeux. Mon fils arrive de Strasbourg; il entre comme premier clerc chez M. Poirson. C'est un enfant sans expérience; son âge réclame un guide, un mentor qui l'aide à diriger ses premiers pas dans le monde: Or, avouez-le, je ferais avec mon costume de pâtre une assez triste figure aux soirées du notaire!

5

D'ailleurs, j'ai mes habitudes là-haut, sur le Honneck. Il me faut la compagnie de mes chèvres; j'ai
besoin de respirer le parfum résineux des pins, et
je ne m'endors qu'au bruit du torrent. Tranchons
le mot... je suis un ours, et comme tel je retourne
dans la montagne, en laissant à M. Pierre le soin
de veiller sur mon fils.

— C'est bien, dit Rosine avec amertume. Je le
vois, mon mari sera plus assidu que jamais à des
réunions qui font mon désespoir. La notairesse
continuera de jouer son rôle mélancolique,et Pierre
finira par deviner qu'on l'a choisi pour consolateur... Il l'a déjà parfaitement compris, peut-être !
à moins que les yeux noirs de cette demoiselle
Clotilde ne soient parvenus à le distraire et à donner tort aux charmes surannés de madame Poirson.

— Comme la jalousie vous aveugle, ma pauvre

enfant! dit André, comme elle vous rend injuste!...
Vous accusez tout à la fois deux femmes qui n'ont
pas, j'en suis convaincu, le plus léger reproche à
s'adresser. Je vous mets au défi de me donner la
moindre preuve...

— Des preuves! s'écria Rosine... Que ne puis-je
en avoir à l'instant même pour confondre Pierre,
et lui arracher ce masque d'hypocrisie dont il re-
couvre son parjure!

Une idée traversa l'esprit du pâtre.

— Allons, dit-il, rien ne peut vous dissuader.
Le soupçon chez vous est tenace... Eh bien! je
vous conseille très-sérieusement de faire tous vos
efforts, afin de le changer en certitude. Mais vous
n'y arriverez, mon enfant, qu'à force d'adresse et
de dissimulation. Vous avez beau chercher querelle à votre époux, le sujet de ces querelles est

beaucoup trop vague. Pierre est intéressé, d'ailleurs, à se tenir sur ses gardes; donc il est impossible qu'aux yeux de chacun vous n'ayez pas tous les torts. Aussi, dès ce jour, croyez-moi, suivez une tactique différente. Ne vous brouillez avec personne, imposez silence aux transports de la jalousie; soyez calme, étudiez la conduite de votre infidèle, surveillez son entourage; puis, lorsque vous connaîtrez sûrement le nom de la femme qui vous enlève son cœur, venez me trouver, Rosine, je possède un infaillible talisman, pour ramener Pierre à vos genoux et lui faire prendre en haine votre rivale.

— Est-ce possible! s'écria la fermière avec une explosion joyeuse.

— Vous savez, dit le pâtre, comme je tiens mes promesses. Ainsi donc, au revoir et comptez sur moi.

Le roulement lointain de la diligence se faisait entendre.

André sortit par le verger de la ferme, longea quelques champs de seigle et rejoignit bientôt le fermier sur la route de Strasbourg. Pierre, assis sur la berge, attendait le lourd véhicule, qu'on apercevait à peu de distance, conduit par six chevaux vigoureux, lancés au triple galop et soulevant d'épais tourbillons de poussière. L'instant d'après, la voiture s'arrêta; puis un jeune homme, d'une vingtaine d'années environ, descendit et courut se précipiter dans les bras du pâtre, dont le sauvage accoutrement formait un contraste bizarre avec l'élégant habit de chasse du jeune voyageur.

Mais laissons décharger les bagages et retournons chez le notaire.

M. Poirson, resté seul dans son étude, après le départ d'André, fut près d'une heure en extase devant les rouleaux d'or et le portefeuille, si richement gonflé de billets de banque. Il compta plusieurs fois la somme et finit par serrer le tout dans sa caisse, en disant :

— Ma foi, le plus clair de l'aventure, c'est que la vente de ma charge se trouve assurée. Que le pâtre soit le diable en personne... peu m'importe,... dès que les quarante-cinq mille livres se composent de valeurs ayant cours et de monnaie de bon aloi. Foin des hypothèques, déchiffre qui pourra le mystère... Je l'ai dit à André, je le crois honnête homme, et parbleu ! je conserverai cette opinion jusqu'à preuve palpable contraire. Allons avertir ma femme et donner des ordres pour recevoir dignement mon futur successeur.

En terminant ce monologue, le notaire se frappa sept à huit petits coups sur l'abdomen, geste passablement trivial, mais qui, chez lui, témoignait une satisfaction prononcée.

Deux minutes plus tard, il entrait comme un ouragan dans la chambre de sa femme.

— Bonne nouvelle, Hortense! bonne nouvelle! cria-t-il. Un acquéreur se présente pour l'étude. Il entre d'abord en qualité de principal clerc, et quand il atteindra l'âge voulu par les réglements... Peste! mais il faut loger ce jeune homme... Où le mettrons-nous?... La chambre du premier se trouve occupée par Clotilde... Diable! diable! on ne peut cependant pas fourrer mon successeur dans le galetas du saute-ruisseau! ça ne serait plus dans l'ordre et, d'autre part, les convenances s'opposent formellement à ce que la sœur de Thomas

exerce l'hospitalité... Hum ! le gaillard sans doute
ressemble à monsieur son père... A propos, je vous
le donne en mille... devinez quel est son père ?
Tout en débitant ce flux de paroles avec une volu-
bilité sans exemple, M. Poirson n'avait pas remar-
qué la pâleur empreinte sur le visage de sa compagne. Bien qu'elle eût été avertie par André, la
femme du notaire se trouvait sans force contre le
bonheur inattendu que lui envoyait le ciel. Le discours de son mari confirmant la révélation du
chevrier du Honneck, elle sentit l'aiguillon d'un
remords sous la joie dont son cœur était inondé. Ses
yeux, remplis de trouble, se détournèrent de ceux
de M. Poirson; la sueur découla de ses tempes, un
frisson d'épouvante vint la saisir.

— Grand Dieu ! vous vous trouvez mal, Hortense?... Miséricorde !... votre figure est blanche

comme un linge... Holà! Magdeleine! Clotilde!...
venez délacer madame!

Il prit un flacon sur la cheminée et tira de toutes
ses forces le cordon d'une sonnette.

Au même instant accourut la sœur de M. Thomas,
cette jolie Clotilde dont nous avons tracé le portrait à nos lecteurs. Sa douce physionomie refléta
les transes de l'inquiétude et de l'effroi, quand elle
aperçut madame Poirson, alors entièrement évanouie dans un fauteuil. Celle-ci ne tarda pas à
reprendre connaissance, grâce aux soins empressés
de son époux et de Clotilde.

—Cher ange! pauvre chatte mignonne! fit le notaire, en tapotant avec la câlinerie d'un amoureux
la main potelée de madame Poirson. Dieu merci,
nous en serons quittes pour la peur... Eh donc!
remettons-nous!... Respirez encore ce flacon...

5.

Très-bien! nos couleurs reviennent... Ah çà, je n'ai pourtant pas rien dit qui pût vous occasionner un évanouissement, Hortense... A moins que... Diable! j'y songeais déjà! poursuivit-il, en s'approchant de l'oreille de sa femme et parlant à voix basse.

Il désignait Clotilde du coin de l'œil. — Mon nouveau clerc est un tout jeune homme très-entreprenant... comme je l'étais à son âge... un Lovelace consommé, peut-être ?... Oh! oh! minute! qu'il n'aille pas se donner des airs de séducteur, ou j'y mettrai bon ordre!... Après tout, si les deux jeunes gens se conviennent, rien ne nous empêchera de les marier? Nous aurons là, près de nous, un gentil ménage... eh! eh! cela nous rajeunira de quinze ans... Mon Dieu! voilà que vous redevenez pâle, Hortense!

— Ce n'est rien, mon ami... ce n'est rien, murmura madame Poirson, faisant sur elle-même d'incroyables efforts pour reprendre du calme. La chaleur, vous le savez, a été forte tout le jour... et de là provient, sans doute, mon indisposition passagère.

— Animal que je suis ! cria M. Poirson.

Il porta les deux mains à sa tête, dans l'intention manifeste de s'arracher les cheveux, que fort heureusement il n'avait plus.

— Voilà cent fois que l'idée me vient de commander des persiennes, continua-t-il, et je n'ai pas encore eu l'esprit de la mettre à exécution... C'est impardonnable ! avoir une femme, une excellente femme, un modèle de toutes les vertus... et ne pas la combler d'attentions et de prévenances !... lui refuser des persiennes !

— Calmez-vous, mon ami.

— Calmez-vous ! calmez-vous ! c'est facile à dire.

Est-ce que votre peau douce et blanche peut affronter le soleil comme notre cuir épais, à nous autres hommes ? Aujourd'hui même vous aurez des stores, en attendant que le menuisier...

— Soit, interrompit madame Poirson ; mais nous avons à nous occuper de choses plus sérieuses.

— Dis-moi, Clotilde, approche un peu ! reprit-elle en faisant signe à la jeune Provençale, qui se tenait à distance, dans l'embrasure d'une fenêtre.

Légère comme un oiseau, Clotilde accourut et présenta son beau front aux baisers de sa seconde mère.

— Il s'agit, mon enfant, de céder ta petite chambre à un nouvel hôte, que nous attendons ce soir, et tu ne refuseras pas, j'imagine, de partager la mienne.

La réponse de Clotilde fut un nouveau baiser.

— Oh ! oh ! dit le notaire, cet arrangement n'est pas à mon avantage... Hum !... Songez donc, Hortense... ceci me cause beaucoup plus de contrariétés que je ne puis vous le dire.

Et les yeux de M. Poirson pétillaient comme ceux d'un jeune époux menacé dans le domaine de sa tendresse conjugale. En dépit d'un geste très-significatif de sa femme, il allait lâcher peut-être quelque phrase beaucoup trop instructive pour les oreilles de Clotilde, quand tout à coup la sonnette de la grille se fit entendre.

— Bonté du ciel ! dit la sœur de M. Thomas, en se rapprochant de la fenêtre, c'est encore le pâtre de ce matin... le sorcier de la montagne !

— Pardieu! oui, cria M. Poirson, ce cher André nous amène son fils, et Pierre Denis les accompagne. Peste! voyez donc! mon premier clerc est un jeune homme fort distingué... pour le fils d'un pâtre... car c'est le fils du gardeur de chèvres, oui, sur mon âme... Un parti magnifique! ajouta-t-il en donnant une tape légère sur la joue de Clotilde. Ah! ah! nous ouvrons de grands yeux, petite coquette!... Nous rougissons... c'est bon signe! c'est bon signe!

Le notaire se frotta les mains avec une vivacité juvénile et courut ouvrir aux arrivants la porte du salon. André s'avança d'abord et fut bientôt suivi de Pierre, conduisant par la main le jeune voyageur.

Madame Poirson jeta sur le fils du pâtre un regard où se peignaient une joie radieuse, un bonheur indicible; puis elle croisa les deux mains sur sa poitrine, comme si elle eût voulu, dans ce moment solennel, en étouffer les battements.

Nous n'entrerons pas ici dans le détail de cette première réception.

Le soir même, André regagnait sa cabane. Il était seul.

Jamais le soleil couchant n'avait envoyé sur le Honneck de plus capricieuses émanations de lumière. Ses rayons d'or jouaient sous les rameaux, envahissant toutes les éclaircies du feuillage, ondulant sur la tige des hautes herbes et coupant çà et là de lignes étincelantes le rude sentier qui serpentait aux flancs de la montagne. A droite de ce chemin tortueux, se trouvait un ravin profond, dans lequel on entendait chanter mille petites cascades, tombant des rochers en perles

limpides et descendant au milieu des vertes fougères, pour aller payer leur tribut aux ruisseaux
de la plaine. A l'époque de la fonte des neiges,
la scène était loin d'être aussi gracieuse. L'aqui-
lon mugissait au bord de ce même ravin ; la
cascade, devenue torrent, déracinait les grands
arbres et précipitait à la base du Honneck ces
Titans détrônés. Mais rien alors ne pouvait rap-
peler des heures désastreuses. La montagne était
parée, fraîche et verdoyante ; sa chevelure se
balançait mollement à la brise du soir et son
murmure avait quelque chose de doux et de pai-
sible. Jamais on n'eût cru que cette belle nymphe
coquette se métamorphosait parfois en furie.

Après avoir longé le ravin, le pâtre se trouva
sur un plateau découvert, d'où le vallon tout en-
tier se déroulait à ses regards. Son œil d'aigle

distingua le logis du notaire. Un voile s'agitait à
l'une des fenêtres. André se découvrit, plaça son
large feutre au bout de son bâton noueux et l'a-
gita joyeusement au-dessus de sa tête.

— Bonsoir, Paul, bonsoir! s'écria-t-il. Cher
enfant, puissent toutes les bénédictions du ciel
descendre sur toi !

Déjà les ombres s'étendaient d'un bout à l'autre
de la vallée, et la nuit couvrait de son manteau
les pieds de la montagne. André poursuivit sa
marche, traversa le torrent sur deux sapins jetés
d'une rive à l'autre, et bientôt un gros chien,
grisonnant, mais alerte encore, accourut et lui
témoigna sa joie de le revoir, en lui appuyant une
patte sur chaque épaule.

— A bas, Fox!... Ne vas-tu pas me jeter dans
le ravin, vieux fou?... Chut!... du calme... Bon

chien!... Je reviens seul, mon pauvre Fox... oui,
le jeune maître est resté là-bas dans la vallée.
Dame! il me suppliait cependant de l'amener ici
pour quelques jours... mais que veux-tu? Paul ne
saurait plus coucher sur la dure : il en a perdu
l'habitude. Ah! c'est un joli garçon, maintenant...
tu ne le reconnaîtrais pardieu pas!

Comme si Fox eût compris son maître, il jappa
plus fort en se tournant du côté du hameau ; puis
il précéda le pâtre du côté de la cabane et rap-
porta dans sa gueule un berceau d'osier.

— Bon chien! Oui, tu le reconnaîtras, 'oui!...
Brave et excellente bête, quelle intelligence!...
Il est vrai que je te parlais souvent de Paul, et,
chaque soir, tu m'apportais ce berceau près de
mon lit de fougère. Combien d'hommes, à ta
place, n'auraient pas conservé si fidèlement le

souvenir?... C'est bien, taisons-nous... Il viendra
nous voir toutes les semaines, le dimanche... Oui,
bon chien! Mais assez de caresses : il faut en
finir, que diable... A bas, Fox! à bas, morbleu!

Les dernières lueurs du jour venaient de faire
place aux ténèbres.

Entré dans sa hutte, le pâtre alluma le bec hui-
leux d'une lampe de fer et se dirigea vers un
coffre en bois de chêne placé dans l'angle le plus
sombre de la cabane. Lorsqu'il souleva le cou-
vercle, son cœur battait avec violence. Il ne re-
voyait jamais sans une vive émotion les objets qui
s'y trouvaient renfermés. Il souleva d'abord un
uniforme complet de chasseur de la garde : c'était
le même qu'André portait lors de son apparition
chez la nourrice. Les manches du frac étaient dé-
corées de trois chevrons. Par-dessous l'uniforme

gisaient un grand sabre de cavalerie, une cara-
bine et deux pistolets avec leurs fourreaux. Enfin,
dans un coin du coffre, le pâtre saisit une petite
boîte contenant une croix de la Légion d'honneur
et un médaillon de forme ovale. Il laissa la croix
au fond de la boîte et prit le médaillon, dont il
fit jouer le ressort. Deux grosses larmes jaillirent
de sa paupière et descendirent sur ses joues
brunies. Le portrait qu'il avait sous les yeux re-
présentait un militaire, âgé de vingt-six ans tout
au plus et portant les insignes d'un grade supé-
rieur. C'était un noble et beau visage, empreint
tout à la fois d'une fierté sublime et d'une indéfinissable tristesse.

André le regarda longtemps, bien longtemps,
dans une muette extase; puis il murmura, d'une
voix émue et tremblante :

— Mon colonel, ai-je bien rempli ta volonté dernière ? Oui, n'est-ce pas ? Quand je te rejoindrai là-haut, tu pourras me dire : André, je suis content de toi !

## IV

Plus de trois mois se sont écoulés depuis la dernière descente du pâtre dans le vallon.

C'est par un dimanche de septembre. Les cloches de tous les hameaux d'alentour tintent l'angelus et saluent le jour naissant ; de joyeuses volées frappent les échos des montagnes qui se renvoient les carillons sonores. A cette musique aérienne se joignent le gazouillement des oiseaux, le chant matinal des jeunes filles plus éveillées que la fauvette, le cri de la cigale sous les touffes d'ajoncs, les soupirs de la brise dans la feuillée, le murmure des cascades et tous les bruits harmonieux que fait naître le retour de la lumière.

Au commencement de cette belle journée, le premier clerc de M. Poirson, vêtu du somptueux habit de chasse rapporté de Strasbourg, arpente allégrement le sentier qui mène à la cabane du pâtre. Ce jeune homme est *bien*, dans toute l'extension que peut donner à ce mot la femme la plus scrupuleuse en fait de tenue masculine. Sa taille est au-dessus de la moyenne; son visage, d'une régularité parfaite, a déjà légèrement subi l'influence du soleil des Vosges. Un front large et relevé dans le voisinage des tempes, de grands yeux d'un vert sombre, des narines saillantes,

indiquent chez lui la force de caractère et l'intrépidité froide.

Tous les dimanches, depuis son séjour au hameau, Paul devance l'aurore et gravit la pente
rugueuse du Honneck, envoyant çà et là des coups
de fusil aux ramiers voyageurs, aux merles noirs,
aux coqs de bruyère et aux gélinottes du ravin.
Ce jour là néanmoins, son arme reste inactive et
ne trouble point les ébats des hôtes de la forêt.
Paul est rêveur, mais c'est une douce rêverie que
la sienne. Il remonte à la source de la félicité qui
l'inonde ; il cherche à comprendre un problème,
insoluble pour bien d'autres, et se demande comment le fils d'un pauvre pâtre se trouve lancé
tout-à-coup dans une sphère dont semblait devoir
l'éloigner sa naissance. Paul conserve encore au
fond de sa mémoire le souvenir de ses jeunes

années. Il a revu la misérable hutte qui abritait son berceau, les meubles grossiers, l'étable, les chèvres favorites et Fox, ce vieil ami d'enfance, qui lui prêtait son dos robuste pour lui épargner la fatigue, dans les longues promenades sur la montagne.

Il a passé huit ans au collége et rien n'a changé depuis, tout est à la même place. Seulement les arbres plantés autour de la hutte ont pris un accroissement rapide et tiennent lieu de la palissade primitive, en mariant leurs branches, qui forment un épais rempart de verdure. Son vieux père est toujours là, soignant le troupeau capricieux, conduisant les chèvres sur les sommets escarpés, où croissent les jeunes bruyères, et fabriquant ses fromages pendant les veillées d'automne. Comment avec d'aussi faibles res-

sources a-t-il pu suffire à une éducation coûteuse ?
Au collége, Paul marchait l'égal de ses cama-
rades de classe les plus riches. A peine avait-il
eu le temps de former un désir qu'il était réalisé
sur l'heure. André recommandait expressément à
ses maîtres de lui procurer, pendant les vacances,
tous les plaisirs de son âge. Aussi le jeune homme,
persuadé que son père avait fait fortune, s'attendait, en regagnant les Vosges, à trouver la hutte
du pâtre métamorphosée tout au moins en une
ferme élégante. Point!... même apparence de
gêne, même simplicité champêtre, même sauva-
gerie pour les relations de voisinage.

En installant son fils chez le notaire, le vieillard lui avait déclaré qu'il devait s'attendre à rem-
placer un jour M. Poirson, dont l'étude était en
quelque sorte payée d'avance.

Paul tomba des nues, et, lors de sa première visite à la hutte, il questionna vivement André, le priant de lui expliquer sa conduite mystérieuse; mais celui-ci fut impénétrable. A toutes les demandes de Paul il fit invariablement cette réponse:

— Laisse-moi, cher enfant, veiller sur ta jeunesse, comme j'ai veillé sur tes premiers jours, et ne cherche pas à deviner le secret de la protection dont je t'environne. Ta place est dans le monde, la mienne est ici... Continue d'être heureux ! ton bonheur sera le mien.

Paul était heureux en effet chez le notaire. M. Poirson lui témoignait une amitié franche et pleine de bonhomie, s'étudiant à lui aplanir les difficultés de son emploi; car le titre de premier clerc, purement honorifique dès l'abord, ne donnait pas au jeune débutant la science infuse du

notariat. Mais ce qui avait causé le plus de sur-

prise à Paul, c'était l'accueil bienveillant et affec-

tueux de madame Poirson. Dès le premier jour, la

femme du notaire fut aux petits soins et l'entoura

de ces mille prévenances, de ces câlineries sans

nom qui rendent la vie si douce à celui qui s'en

voit l'objet. Paul n'avait jamais connu sa mère.

La tendresse toute paternelle de l'homme qui l'a-

vait élevé ne remplaçait pas ces trésors d'affection

mis par Dieu lui-même au cœur des femmes et

qu'elles savent répandre sur nous avec une prodi-

galité si touchante. Aussi le nouveau clerc s'aban-

donna-t-il avec délice à sa nouvelle existence. Il

regarda madame Poirson comme sa mère et la

jolie Clotilde comme sa sœur.

Lorsqu'il racontait au pâtre l'histoire de la

charmante intimité qui régnait entre ces deux femmes et lui, André souriait doucement au jeune homme :

— Cela devait être ainsi... je le savais!

Donc, Paul était regardé comme faisant partie de la famille.

On consacrait régulièrement tout le jour aux affaires, puis on passait des soirées délicieuses, auxquelles assistaient Pierre Denis et le percepteur, quand toutefois ce dernier n'était pas retenu par quelque partie de débauche. Grâce à Clotilde, la tolérance continuait à son égard.

Rarement la fermière assistait à ces réunions. La jeune femme n'avait pas eu le courage de mettre en pratique les conseils d'André. Sa jalousie l'emportait toujours sur les résolutions dictées par la sagesse, et son mari, persécuté de plus

6.

belle, fuyait son ménage pour venir chercher des consolations auprès de ses amis. Pierre trouvait surtout des charmes dans la conversation d'Hortense, qu'un bonheur, dont elle seule avait le secret, rendait joyeuse et communicative, de mélancolique et sombre qu'elle était auparavant.

Madame Poirson recevait les confidences de l'époux de Rosine, et lui disait de ces douces paroles qui chassent la tristesse. Involontairement, Pierre se prit à aimer cette femme, si belle encore, et demanda l'oubli de ses chagrins de ménage à une affection coupable, justifiant ainsi les soupçons de Rosine, dont il avait jusque-là tant souffert.

Le fermier blâmait la jalousie chez les autres, et néanmoins il devait bientôt en éprouver lui-même les atteintes.

Il se figura que Paul était son rival, et la ma-

nière d'être de madame Poirson vis-à-vis du jeune
homme, donna chaque jour plus d'empire à cette
croyance. Pierre se désolait sans oser, toutefois,
adresser le moindre reproche à la femme du notaire, car il ne lui avait pas encore avoué son
amour. D'ailleurs, la conduite d'Hortense lui semblait parfois inexplicable. Si elle aimait Paul,
pourquoi donc voyait-elle d'un œil calme les assi-
duités du premier clerc auprès de la sœur de
M. Thomas? Ces deux jeunes gens éprouvaient
l'un pour l'autre un sentiment tendre, la chose
était de la dernière évidence, et, loin de combattre
cette affection naissante, madame Poirson semblait
l'encourager de tout son pouvoir. Elle ménageait à
Paul et Clotilde de petits tête-à-tête au milieu du
salon, tandis que le notaire faisait le piquet du
percepteur et qu'elle s'entretenait elle-même avec

Pierre. Celui-ci repoussait alors ses doutes injurieux, mais ils ne le quittaient un instant que pour revenir ensuite avec plus de force s'emparer de son âme. Le résultat de cette lutte fut bientôt, chez Pierre, un sentiment de haine contre le fils du pâtre.

Les choses en sont à ce point, au moment où nous retrouvons Paul gravissant le sentier du ravin.

Fox avait déjà flairé l'approche du jeune homme et s'était empressé d'accourir à sa rencontre, en se livrant à de folles gambades, qui sortaient un peu de la gravité prescrite à un chien de son âge.

Mais Fox ne savait pas vieillir. La fréquentation des chèvres, si vives et si folâtres, lui avait donné peut-être cette légèreté de caractère. On connaît le proverbe : « Dis-moi qui tu hantes, je te dirai qui tu es. » Donc, après avoir prodigué

mille caresses au maître-clerc. . . . courut l'annoncer sur le seuil de la c. . .ne. André parut
presque aussitôt en dehors de la palissade.

— C'est déjà toi, mon garçon! s'écria-t-il, en
ouvrant les bras au jeune homme. Plus matinal
que le soleil... bravo! Je te remercie de ne pas
me faire attendre, car je passe la semaine à espérer un jour de bonheur.

— Et moi, pendant la nuit qui précède ce
jour-là, je dors à peine, afin d'être plus vite auprès de vous, bon père!

— Hum! dit le pâtre, avec un accent d'amertume. je crois que tu me flattes un peu dans ce
moment... et je soupçonne d'autres raisons, qui
t'empêchent de te livrer au sommeil.

Paul rougit comme une jeune fille.

— Eh bien! oui, bon père! Oui, je l'aime tou

jours davantage... Elle est si belle mon Dieu!
mais ce n'est rien encore auprès des qualités de
son âme !

— Allons, pensa tristement André, résignons-
nous.

Il parut faire un effort pour chasser des pensées
importunes, et reprit sur le ton de la gaîté :

— Hein ? je vous y prends, monsieur le men-
teur ! Venez encore me conter vos sornettes... Ah !
c'est moi qui vous empêche de dormir... Ah ! ah !

— Mais... dit Paul.

— Mais tu aimes Clotilde, mon garçon ! mais
on ne ferme pas l'œil quand on est amoureux...
c'est connu, morbleu ! et je n'entends pas que tu
viennes m'accuser d'être la cause de ton insomnie.
Assez là-dessus ! Entrons... tu me raconteras en
déjeunant où en sont tes amours.

— Oui, car j'ai bien des choses à vous dire.

— Quoi donc ?

— D'abord, commença Paul avec un soupir...

— Hein? qu'est-ce que cela signifie? s'écria le pâtre, en prenant la main du jeune homme. Te voilà triste et morose... tu ressembles à un enterrement.

— Je suis trop heureux, bon père... et je tremble que cette félicité ne dure pas.

— Laisse-moi donc tranquille!... Ah! ma foi, je reconnais bien là les amoureux! Tout marche au gré de leurs désirs... Bien! voilà que mes gaillards se forgent des chimères... Allons, allons, plus de tristesse... ou je te secouerai d'importance.

André poussa le jeune homme par les épaules et le força d'entrer dans la hutte. Mais, en même temps, il en fit sortir Fox, lui montrant sur une élévation voisine le troupeau de chèvres, dont il avait abandonné la garde pour souhaiter la bienvenue au maître clerc. Le chien s'éloigna, l'oreille basse, très-mécontent d'aller reprendre sa corvée dans un pareil jour.

Il est essentiel de donner à nos lecteurs un simple aperçu de la cabane du pâtre.

Après avoir traversé l'enclos, on pénétrait dans la hutte par une porte très-basse, qui forçait les visiteurs à se baisser presque jusqu'à terre. Chaque soir, André bouchait cette porte avec un fagot de branches d'acacias aux fortes épines, moyen de clôture dont il pouvait même se dispenser ; car jamais âme qui vive, à l'exception de Paul et du fermier, n'eût osé franchir cette espèce d'antre, aussi redoutable pour les montagnards que l'était jadis pour les Campaniens celui de la sibylle de Cumes. Quatre gros sapins, tronqués à la hauteur de huit pieds du sol, afin de les empêcher d'attirer la foudre, avaient servi d'élément primitif à cette construction bizarre. Ils supportaient le toit de chaume à l'aide de deux poutres croisées horizontalement. Dans l'intervalle que laissaient entre eux ces quatre piliers angulaires, on avait bâti les murs avec de la glaise, de la tourbe et des rameaux entrelacés. Une simple lucarne éclairait l'intérieur de la hutte et le pauvre mobilier qui la garnissait. A droite, on voyait le lit du pâtre, deux tréteaux d'un pied d'élévation, supportant un châssis garni de sangles, des bruyères sèches pour matelas, des peaux de chèvres pour couverture. Au pied du lit, gisait le coffre en bois de chêne, et près de là, dans un enfoncement de la muraille, était un placard

7

fermé. Sur des planches brutes, régnant autour des parois de la cabane, se trouvaient rangés les ter-rines, les vases destinés à traire les chèvres, et tous les objets nécessaires à la fabrication des fromages. Un de ces poêles en tôle, qui s'ouvrent ou se ferment par devant au moyen d'une bascule, tenait lieu de cheminée. Enfin, près du poêle, une table grossière et deux bancs estropiés complétaient l'ameublement de la hutte.

— Dépose ton fusil, dit André, uous causerons en déjeunant.

— C'est madame Poirson qui a prétendu vous régaler ce matin, mon père.

— Oh! oh! fit le pâtre, aidant le jeune homme à se débarrasser d'un carnier passablement lourd, je me doutais déjà, monsieur le chasseur, que ceci devait contenir autre chose que du gibier. Vous êtes

trop sybarites, là-bas au hameau, pour vous contenter de mon déjeuner frugal. Miséricorde! une volaille
froide, un saucisson, deux bouteilles cachetées...

— Trois! dit Paul... le champagne est au fond.
La patronne, sachant qu'elle obtiendrait un refus,
si elle vous invitait au gala de ce soir, tient à vous
y faire participer d'avance.

— Allons, qu'il en soit comme elle le désire, dit
André. Mettons le couvert et nous trinquerons à la
santé de cette excellente femme... Tu ressens déjà
pour elle, j'en suis sûr, une affection plus tendre
que pour moi, n'est-ce pas, mon garçon?

— Que dites-vous? s'écria le jeune homme:

— Oh! sois sans crainte, je ne la jalouse pas...
c'est trop juste, après tout!... Découpe cette volaille... je n'y entends goutte et je la massacrerais
le mieux du monde.

Ici, nous conseillerons un voyage dans les Vosges à ceux de nos lecteurs parisiens qui s'émerveilleraient d'un repas aussi substantiel, éclairé par les premiers rayons du jour. L'air des montagnes, pour nous servir ici de la phrase vulgaire, ouvre l'appétit avant les yeux, et nous avons là-dessus le témoignage de notre expérience.

Le pâtre siffla Fox, pour lui donner à ronger les os de la volaille. Cette fois, le brave chien s'en retourna plus satisfait garder les chèvres. Paul ayant ensuite fait sauter aux poutres de la hutte le bouchon de la dernière bouteille, André vida son verre et s'accouda sur la table.

— Maintenant, dit-il, voyons tes confidences.

— Ah! ma foi, dit Paul, qui avait oublié ses fâcheux pressentiments et dont les joues étaient animées par le champagne, je puis tout résumer

en deux mots. Il s'agit d'une chose très-simple :
c'est de descendre un de ces jours au village et de
prier, en son nom, M. Thomas de m'accorder la
main de sa sœur... puisqu'elle est sous sa tutelle.

André tressaillit, et l'on eût pu voir un nuage
passer rapidement sur sa face bronzée. Néanmoins
il se remit sur le champ.

— Tu trouves cela très-simple, mon garçon ?
dit-il.

— Certainement, répondit Paul. J'ai l'autorisa-
tion de Clotilde, et... c'est à vous de faire cette
démarche... Oh! ne me refusez pas, je vous en
conjure !... Hier, elle m'a, pour la première fois,
avoué son amour... Comprenez-vous mon ivresse,
mes transports ?

— Oui, je comprends tout cela... Mais écoute !
Le percepteur, entre nous soit dit, n'est pas un

individu très-recommandable sous le rapport des qualités morales; je connais mon homme de longue date... En quels termes êtes-vous ensemble?

— Il y a, dit Paul, beaucoup de froideur dans nos relations ; plusieurs fois, même, il a presque repoussé des avances que je lui faisais par politesse... ou plutôt dans l'intérêt de mon amour. C'est un grossier personnage, et je me suis retenu souvent pour ne pas lui expliquer mon opinion sur sa conduite. Mais, ajouta le jeune homme avec un léger tremblement dans la voix, pensez-vous qu'il mette obstacle à mon mariage avec Clotilde?

— J'en ai peur, dit André.

— Ce serait odieux, mon père! Cet homme a-t-il le droit de nous condamner au malheur?

— Il en a le droit.

— Qu'il prenne garde ! cria Paul en frappant la table de son poing fermé.

— Bon ! je te vois venir, dit le pâtre : tu lui jetteras quelque insulte à la face et tu le provoqueras en duel..., n'est-il pas vrai ?

— Ce soir même, s'il le faut.

— A merveille!... En ce cas, de deux choses l'une : ou le percepteur t'enverra une balle dans le crâne, ce qui te guérira pour toujours de l'envie d'épouser Clotilde, ou bien tu le coucheras sur le terrain... Or, crois-tu que la sœur consente jamais à prendre pour mari le meurtrier de son frère ?

— Hélas ! murmura Paul, je n'ai donc plus qu'à mourir !

— Autre sottise, reprit André. Le plus court est de vivre... D'abord, pour raisonner sagement, ce que tu ne fais pas à cette heure, ensuite pour avi-

ser aux moyens de conduire ce mariage à bon
port. Voyons... M. Thomas est un gredin du premier calibre, une canaille sans vergogne... ceci
me semble parfaitement clair, et j'en ai la preuve.
Avant ton entrée chez le notaire, il a déjà repoussé
deux prétendus qui lui demandaient la main de
Clotilde... Sais-tu pourquoi?

— Non, dit Paul.

— Parce qu'il a perdu dans la débauche et le
jeu presque toute la fortune de sa sœur, que la
minorité de la pauvre fille et le droit de tutelle ont
mise à la disposition du misérable.

— Eh! que m'importe! s'écria Paul.

— Parbleu! je le sais parfaitement, tu l'épou-
seras quand même. Il n'y a qu'un malheur : M. Thomas, ayant, d'ici à la majorité de Clotilde, une
foule d'autres excuses à faire valoir, se gardera

bien de convenir qu'il a mangé la dot... C'est égal, mon garçon, demain j'irai le voir.

Paul était loin de s'attendre à ce brusque dénoûment; il jeta sur le pâtre des regards pleins do surprise.

— Vous lui ferez la demande? s'écria-t-il.

— Dans toutes les règles.

— Et s'il vous refuse?

— Je voudrais bien voir cela, morbleu!

— Mon père! mon père! c'est me dire de conserver l'espérance.

— Conserve-la, mon ami.

— Pourtant... cette objection de tout-à-l'heure...

— Ah! dame! il fallait bien t'apprendre toutes les difficultés de l'entreprise! Je veux que tu me saches gré du succès. Donc, voilà qui est convenu, je te promets la main de Clotilde.

7.

— Merci! merci! mon bon père! s'écria Paul,
qui se leva précipitamment pour aller presser André contre son cœur. Vous me rendez la vie. J'ob-
tiendrai Clotilde, mon Dieu ! ce n'est pas un rêve !

— Oui..., mais l'essentiel est de ne pas m'é-
touffer, mon garçon, dit le pâtre, se dégageant
de l'étreinte énergique du jeune homme. Allons
faire un tour sur la montagne, continua-t-il en
quittant lui-même la table, et glisse quatre ou
cinq chevrotines dans les canons de ton fusil... ;
car j'ai rencontré hier, sur l'autre versant du Honneck, une respectable louve en compagnie de ses
louveteaux. Cette famille vorace pourrait me donner du fil à retordre cet hiver...; et si tu trouves
l'occasion de lui dire deux mots à l'oreille, en
passant, mes chèvres et moi nous t'en aurons beaucoup de reconnaissance.

Le soir, Paul avait tué la louve et redescendait au village, portant en triomphe son fardeau saignant. Quant au pâtre, il avait attrapé deux louveteaux, déjà forts, dont la société ne parut pas devoir être agréable à Fox, car il les étrangla bel et bien, sans qu'André jugeât à propos de s'opposer à cet acte de haute justice.

Tant que Paul fut près de lui, le gardeur de chèvres eut le courage de surmonter la profonde tristesse qui, depuis la conversation du matin, s'était emparée de son âme. La nuit le trouva douloureusement accoudé sur sa table vacillante. Enfin, tiré de cette rêverie par les plaintes inquiètes de Fox, il alluma sa lampe; mais presque aussitôt il reprit la même posture, cachant son visage entre ses mains et poussant par intervalles de profonds soupirs.

Lorsqu'il releva la tête, ses joues étaient inondées de larmes, et Fox continuait ses plaintes. Plus de six heures s'étaient écoulées déjà depuis le départ de Paul. Minuit sonnait à l'horloge du hameau.

— J'ai pleuré, murmura-t-il... j'ai pleuré ! c'était aussi plus fort que moi... Paraître gai pendant tout le jour, quand j'avais la mort dans le cœur... Mais enfin c'est de l'égoïsme ! Oui, c'est de l'égoïsme ! car ne me suis-je pas surpris à désirer que ce démon de percepteur eût l'audace de me répondre par un refus?...Cela ne sera pas, non... cela ne peut pas être ! Il ignore que Jacques Belmat, son complice, m'a fourni des preuves accablantes... Le mariage aura lieu. Oui, mais alors il faudra que Paul apprenne que je ne suis pas son père... Son père ! entendre sa bouche prononcer ce nom, voilà quelle était mon unique félicité dans ce monde... et maintenant il ne m'aimera plus, il rougira du malheureux gardeur de chèvres... Oh! non, non! Paul a le cœur trop noble, et je ne le crois pas capable d'ingratitude... Que ne puis-je l'arracher à quelque péril, en mourant pour lui! du moins il conserverait précieusement mon souvenir.

En ce moment, Fox releva la tête et fit entendre un grondement sourd.

— Qu'as-tu donc? dit André. Bon chien! tu me resteras, toi..., tu seras mon seul ami!

Le pâtre le flatta doucement et caressa ses longs poils soyeux. Mais Fox, s'élançant d'un bond jusqu'à la porte de la hutte, se mit à aboyer avec fureur.

— Bah! je gage que ces maudits louveteaux, que Paul a privés de leur mère, s'avisent de rôder aux alentours?... Au diable!... tais-toi, vieux fou...

N'as-tu pas assez de deux meurtres sur la conscience?

Fox cessa tout à coup de hurler ; ses cris de rage se changèrent en aboiements joyeux.

— Voilà qui est singulier, dit le pâtre. Nécessairement, il se passe quelque chose d'extraordinaire... Voyons alors !

Il débarrassa la porte du fagot épineux qui interceptait le passage. Au même instant, il entendit le bruit d'une course haletante, et, deux secondes après, Paul, en habit de bal, l'œil hagard, les cheveux en désordre, le front ruisselant de sueur, franchit le seuil de la cabane et tomba sur son siège, en poussant une exclamation de désespoir.

## V

Ici nos lecteurs voudront bien descendre du Honneck et nous suivre dans le salon du notaire.

Le 23 septembre de chaque année, jour de la Saint-Maurice, Hortense envoyait bon nombre d'invitations à la ville voisine. Un repas splendide attendait les convives, qui se piquaient assez ordinairement d'exactitude, car M. Poirson réservait pour cette époque les meilleurs vins de sa cave, et l'on savait qu'une superbe dinde, apportée tout exprès de la capitale par le conducteur de la voiture, et farcis de truffes odoriférantes, figurait sur la table du festin comme pièce de résistance. Au dessert, M. Poirson riait, chantait, se grisait même quelquefois.

Et voyez à quelle énormité peut conduire un moment d'oubli! La table disparue, madame donnait l'ordre de faire entrer les plus jolies paysannes d'alentour, priées pour la danse : alors notre malheureux notaire, au mépris des bonnes mœurs conjugales, ne s'avisait-il pas de presser légèrement le corset des villageoises confuses, lorsque celles-ci lui offraient, pour sa fête, d'énormes bouquets de fleurs?

Il est vrai que, le lendemain, M. Poirson déplorait sa coupable conduite et s'emportait en imprécations contre Bacchus; mais il renouvelait chaque année ses égarements et son repentir.

Ce jour-là, néanmoins, la gaîté traditionnelle du repas fut troublée par un incident qu'il était facile de prévoir. Hortense avait invité Rosine et son mari. Refuser devenait une impolitesse trop flagrante, et Pierre se fit accompagner de sa femme, qui le suppliait en vain de la laisser à la ferme. Rosine sentait combien elle était loin d'avoir assez d'empire sur elle-même pour se modérer en présence de témoins. Sa nature passionnée méprisait les petites délicatesses sociales, foulait aux pieds l'usage et renversait les barrières établies par les convenances entre gens bien nés. Pierre était tout à ses yeux, le reste n'était rien.

Aussi, voyant son mari se montrer aimable avec tous et prodiguer à d'autres femmes les sourires que, depuis si longtemps, il n'avait plus pour elle; l'apercevant surtout, auprès de madame Poirson, sa voisine de table, afficher cet empressement, cette galanterie d'un homme qui sait vivre et que personne, à l'exception des jaloux, ne songe à trouver coupables, Rosine n'y tint plus. Elle devint tour à tour blême et cramoisie. Ses yeux, s'attachant avec opiniâtreté sur Pierre, lançaient des flammes ; puis l'orage, qui grondait dans son cœur, venant à éclater subitement, elle fondit en larmes, et les invités entendirent avec stupéfaction des sanglots qui venaient interrompre leurs propos joyeux.

Qu'on se figure l'effet d'une pareille scène. La plupart des convives, outre le percepteur, Clotilde et le fils du pâtre, se composaient d'indifférents. On chuchotait d'un bout de la table à l'autre et les commentaires se croisaient en tous sens.

Madame Poirson quitta vivement son siège pour

courir auprès de Rosine, et le fermier, pourpre de dépit, imita son exemple.

— Vous plaira-t-il de m'expliquer une si étrange conduite? murmura-t-il d'une voix brève à l'oreille de sa femme.

— Partons! partons! s'écria Rosine.

Quelques éclats de rire étouffés se faisaient entendre. Pierre aussitôt releva fièrement la tête, et son regard, devenu calme et froid, suffit pour imposer aux rieurs.

— On doit pardonner une inconvenance, dit-il, toutes les fois qu'elle est involontaire. Ma femme est sujette à des affections nerveuses, qui s'annoncent presque toujours par des larmes... et la société, j'ose le croire, voudra bien agréer les excuses que je présente au nom de la malade.

Ces mots, proférés sur un ton digne et ferme,

s'adressaient principalement à M. Thomas, lequel, avec un manque d'égards et un mavais goût dont lui seul pouvait se montrer capable, avait instruit ses voisins de la jalousie de Rosine.

— Nous allons retourner au logis, ajouta Pierre, qui tendit le bras à sa femme.

— Oui, dit-elle à voix basse, en essuyant ses pleurs. Mais vous ne reviendrez plus... vous passerez avec moi le reste de la soirée?

— Madame, répondit le fermier, par cela même que vous manquez à toutes les lois des bienséances, je ne dois pas achever de me couvrir de ridicule, en ne reparaissant pas à la fête.

— Alors, je reste, dit Rosine.

— Comme il vous plaira, dit Pierre.

— Notre indisposition se trouve un peu calmée, reprit-il à haute voix. Nous prions la compagnie de vouloir bien agréer de nouvelles excuses et nous permettre de jouir jusqu'à la fin de son aimable présence.

— Bravo ! s'écria le notaire : buvons le champagne !

Chacun reprit sa place. Mais, en dépit du liquide abondamment versé dans les flûtes pétillantes, en dépit des efforts de M. Poirson pour ramener la gaité disparue, le plus morne silence plana bientôt sur les convives.

Rosine, vers laquelle se tournaient les regards, avait la figure aussi blanche que la nappe du festin, sur laquelle s'agitaient ses doigts crispés. Luttant contre la colère et la douleur, elle s'efforçait de combattre une crise inévitable. Elle souriait, mais d'un sourire à donner le frisson. N'ayant plus la conscience de ses actes, elle saisit machi-

nalement la flûte placée devant elle ; mais, avant
d'avoir atteint ses lèvres, le verre lui échappa des
mains, inonda sa robe de bal et se brisa sur le
parquet, tandis que la malheureuse, renversée sur
son siége, s'agitait au milieu de convulsions
inouïes et se trouvait en proie à la plus effrayante
attaque de nerfs qui eût jamais contracté les membres d'une femme.

Ce dernier événement fut le signal de la déroute.
Les convives abandonnèrent la table pour se précipiter vers la porte-fenêtre qui s'ouvrait sur le
jardin du notaire. C'était par là qu'on venait d'emporter Rosine. Mais déjà son mari l'avait soustraite
à tous les regards, et les curieux, désappointés, se
promenèrent sous les charmilles, en attendant
qu'on eût disposé le salon pour la danse. A la
faveur de ce tumulte, Paul glissa rapidement deux

mots à l'oreille de la sœur de M. Thomas. S'écartant ensuite de la foule des invités, le jeune homme prit la direction d'un berceau solitaire. Son cœur battait à rompre sa poitrine. Clotilde avait promis de le rejoindre, et Paul était heureux de toutes les joies du ciel.

Un clair de lune splendide tombait sur les massifs d'ombrage et faisait étinceler comme des diamants les gouttes de rosée qui tremblaient au bord du calice des fleurs d'automne. On entendait au loin ce bourdonnement solennel de la montagne, causé par le passage du vent dans les gorges étroites, bruit mystérieux qui ressemble au dernier soupir des harpes éoliennes, au frôlement aérien de l'aile d'un gnôme, et qu'un de nos poètes a si bien célébré par des strophes immortelles. A l'autre extrémité de l'avenue aboutissant au berceau, Paul entrevit une blanche apparition, qui semblait à peine effleurer le sol, et bientôt Clotilde fut auprès de lui. Comme elle était gracieuse et légère ! Comme lui allait bien cette simple robe de mousseline des Indes, et ce col brodé par ses jolis doigts, et la ceinture qui entourait sa taille flexible, et la rose du Bengale coquettement nichée dans ses cheveux noirs ! Comme les tendres reflets de la lune descendaient mollement sur son beau visage ! Comme sa main palpitait avec ivresse dans celle de Paul, quand le jeune homme, après l'avoir fait asseoir sous le berceau, s'agenouilla devant elle et l'enveloppa d'un long regard d'amour !

— O Clotilde, murmura Paul, après un silence plus éloquent mille fois que la parole, Clotilde, que vous êtes jolie ce soir !

— Flatteur! dit-elle, en lui donnant de sa main mignonne une petite tape sur la joue.

— Non, Clotilde, ce n'est pas une flatterie... Vous êtes belle comme l'ange des amours! Je vous remercie d'être venue... car j'avais besoin de verser dans votre âme toute la félicité qui remplit la mienne. J'ai vu mon père ce matin, Clotilde... Il se charge d'obtenir le consentement du percepteur... Vous serez ma femme!... Mon Dieu! j'ai besoin de vous voir là, près de moi; j'ai besoin de sentir glisser sur mon front votre doux regard pour me convaincre que je ne suis pas le jouet d'un songe.

— Oui, Paul, dit Clotilde d'une voix doucement émue, oui, je serai votre femme... et j'en rends grâce au ciel, car je vous aime.

Elle se cacha la tête dans le sein du jeune homme, et Paul dévora de baisers les boucles

8

soyeuses de sa chevelure. Ils restèrent ainsi longtemps, aussi purs, aussi heureux que des anges, et
se communiquant leurs doux projets d'avenir. Enfin, Clotilde offrit une dernière fois son beau front
aux lèvres de Paul.

— Mon ami, dit-elle, on doit s'apercevoir de
notre absence.

— Non, Clotilde, on s'occupe de l'évanouissement de la fermière.

En réponse à ces paroles, un premier coup d'ar-
chet résonna subitement à leurs oreilles, démenti
joyeux qui fit relever Paul et sourire la jeune fille.

— Venez me faire danser ! s'écria-t-elle.

Et, se tenant par le bras, ils quittèrent le berceau, courant comme deux sylphes, au milieu des
allées silencieuses.

Tout à coup, au détour de la dernière, Clotilde

sentit une main brutale saisir la sienne. M. Thomas leur apparut sombre et menaçant.

— Deux mots, jeune freluquet ! dit-il en frappant avec rudesse l'épaule du maître-clerc. Et vous, mademoiselle, veuillez regagner le salon jusqu'à nouvel ordre.

Clotilde s'éloigna confuse et très-inquiète de l'air de résolution sinistre qu'elle avait cru lire sur le visage du percepteur. M. Thomas força Paul de retourner au fond du jardin. La jeune fille s'arrêta, presque morte d'épouvante, car elle pouvait entendre le bruit d'une discussion terrible. Un mot fatal, une injure sanglante, sortit de la bouche de son frère, et, presque aussitôt, le bruit éclatant d'un soufflet retentit sous les charmilles.

Sur ces entrefaites, on dansait une contredanse au salon.

Pierre, après avoir transporté Rosine à la ferme, était venu donner sur l'indisposition de sa compagne des nouvelles rassurantes, de sorte qu'on oubliait déjà le fâcheux incident du festin. Quelques-uns des invités blâmaient secrètement le mari de la fermière de l'incroyable indifférence dont il venait de fournir la preuve en regagnant la fête. D'autres faisaient l'éloge de son énergie et prétendaient que le sang-froid de l'époux était le moyen infaillible de guérir la femme et de l'empêcher de renouveler de pareilles scènes. S'inquiétant peu du blâme et de la louange, le fermier guidait Hortense au milieu des évolutions d'un quadrille et pressait doucement la main de sa danseuse, déclaration muette que madame Poirson ne comprenait pas ou feignait de ne pas comprendre. La contredanse finie, Pierre allait reconduire Hortense à la place qu'elle occupait précédemment à l'un des angles de la cheminée, quand la voix criarde de M. Poirson domina tout-à-coup le murmure du bal.

— Ah! çà! mon ami, quelle mouche vous pique? disait le notaire à Paul; car le jeune homme venait de se précipiter dans la pièce, écartant les danseurs et s'agitant comme un insensé. Diable! diable!... si vous êtes fou, dites-le!... Mais ces dames se plaignent... Vous froissez la robe de l'une, vous écrasez le pied de l'autre... ceci viole évidemment tous les us et coutumes de la galanterie française.

Paul ne l'écoutait pas. Il cherchait le fermier du regard, et, l'apercevant, il courut à lui.

— Monsieur, lui dit-il d'une voix entrecoupée par une émotion violente, il faut que vous soyez

8.

mon témoin... demain, dans un duel à mort.

— Grand Dieu! s'écria madame Poirson, qui s'appuya contre une console pour ne pas tomber à la renverse. Mais elle se redressa presque aussitôt et saisit le bras de Paul, lui jetant un regard empreint d'une douleur si profonde, que le jeune homme, malgré la terrible préoccupation qui l'assiégeait, en tressaillit jusqu'au fond du cœur.

Le fermier repoussa doucement Hortense, puis il entraîna le maître-clerc dans l'embrasure d'une fenêtre. Après une minute d'entretien rapide, il lui dit en lui serrant la main :

— C'est une chose convenue, vous pouvez comptez sur moi.

Paul n'en demanda pas davantage, et s'élança brusquement dehors. A peine était-il sorti, que le percepteur, conduisant Clotilde tout en larmes, ~

s'approcha de la femme du notaire, et lui dit, avec
un inqualifiable accent d'insolence :

— Madame, je ne vous féliciterai pas de la
manière dont vous surveillez les jeunes filles :
cette jolie manière-là me vaut un soufflet magnifique, et me forcera demain d'exposer ma cer-
velle... Il me semble que c'est assez comme cela
pour le quart d'heure ! en conséquence, procurez-
vous d'autres élèves, madame, j'emmène Clotilde.

A ces mots, il tourna les talons et quitta le bal
sans avoir salué personne.

Cependant Paul avait franchi la grille, traversé
le village, et montait au Honneck par ce même
sentier qu'il avait parcouru le matin dans des
dispositions bien différentes. A plusieurs intervalles, le malheureux jeune homme fut contraint
de s'arrêter pour reprendre haleine, tant sa

marche était rapide.'Pendant ces courts instants de repos, il levait au ciel ses yeux inondés de larmes et se tordait les bras avec désespoir. Puis il recommençait sa course effrayante. Ses minces souliers de bal furent bientôt déchirés par les ronces et ses pieds imprimaient des traces sanglantes sur le sable mouvant et les roches aiguës qui bordaient le sentier. La lune éclairait cette ascension dangereuse, autrement il n'eût pas été possible à Paul de se garer des précipices ; vingt fois il eût roulé jusqu'au fond du ravin. Bientôt il atteignit le pont suspendu sur l'abîme.

De l'autre côté de ce pont, jusqu'à la hutte, il y avait cinquante pas à peine, et ce fut alors que le gardeur de chèvres, dont l'attention venait d'être éveillée par les cris de Fox, dégagea l'entrée de sa demeure et vit accourir le jeune homme qui tomba, presque mourant, sur un siége.

— Bonté divine! s'écria le pâtre, c'est toi!...

toi, mon pauvre enfant... à cette heure de nuit!...

Qu'est-il arrivé, juste ciel?

Paul ne répondit pas. Ses membres étaient
agités d'un tremblement convulsif, ses yeux
avaient un regard morne et sans intelligence.

— Reviens à toi! disait André qui l'entourait
de ses bras et pleurait à chaudes larmes. Paul,
mon fils .. ne me reconnais-tu pas?

A ces mots, qui parurent lui rendre le sentiment
de la réalité, Paul murmura d'une voix sombre, en
fixant le vieillard :

— Ainsi vous êtes mon père!

— Que signifie cette question? balbutia le pâtre.
Pourquoi me demander cela maintenant, lorsque
ce matin...

— Répondez... êtes-vous mon père ?

— Eh bien, non, dit André qui s'affaissa douloureusement sur l'un des escabeaux placés auprès de
la table.

— Oh ! tant mieux !... tant mieux !... car il m'en
aurait trop coûté de vous maudire !

André releva la tête et tourna vers Paul des regards pleins d'angoisse. Il ne comprenait pas.

— Mais alors, continua le jeune homme, vous
avez dû connaître celui qui m'a donné la vie, vous
pouvez m'expliquer le secret odieux de mon ori-
gine ! Tout à l'heure... oui, tout à l'heure, un
homme n'a pas craint de me lancer une épithète
flétrissante !... il m'a déclaré qu'un bâtard n'épou-
serait jamais Clotilde... Mon Dieu ! mon Dieu ! je
crois sentir ces deux syllabes, infernales gravées
sur mon front en caractères brûlants !... Car il

était loin de mentir cet homme... N'est-ce pas, n'est-ce pas qu'il disait vrai?

— Oui, répondit le pâtre avec une intonation singulière. Mais... à celui qui te faisait cette injure... au percepteur enfin... qu'as-tu répondu?

— Je l'ai souffleté! dit Paul avec rage; je lui ai craché à la face!... et, demain, l'un de nous doit mourir.

— Embrasse-moi! s'écria le pâtre, attirant le jeune homme et le pressant avec force contre sa poitrine. Mille tonnerres! tu l'as souffleté... bien! très-bien!... Tu as craché sur son ignoble figure; c'est encore mieux. Ah! percepteur de Satan! lâche! misérable! être doublement vil et doublement infâme!... Ah! tu viendras insulter mon enfant!... Oui, Paul, oui, mon garçon, tu dois te battre... ou plutôt... nous déciderons cela plus

tard. Allons, de l'énergie, morbleu ! C'est vrai, tu
es un enfant de l'amour... mais tu avais un noble
père, entends-tu ? un brave ! un homme dont l'empereur lui-même a serré la main... je l'ai vu !...
Flamme et Mort ! Il vaut mieux avoir du pareil sang
dans les veines, que d'être le produit légitime de...
je ne sais pas quoi. Ton père, mon garçon, ton
père ! mais c'était mon idole, c'était mon Dieu.
J'ai là cinq blessures qui lui étaient destinées...
Tiens, regarde ! elles sont profondes ; mais ceux
qui me les ont faites n'ont pas eu l'avantage de
guérir des leurs.

Il écartait en même temps sa casaque de peaux
de chèvres et montrait à Paul sa poitrine labourée
par de larges cicatrices.

Le jeune homme, en écoutant ces discours d'André, sentit aussitôt l'irritation disparaître de son

âme. Il regardait avec une surprise indéfinissable ce vieillard, qui se révélait à lui sous un jour si nouveau. Le pâtre était violemment ému, de grosses larmes roulaient sous sa paupière. Paul lui saisit la main, qu'il pressa dans la sienne avec anxiété, murmurant ensuite d'une voix frissonnante :

— Mon père... Qu'est devenu mon père?

— Il est mort.

— Pardonnez-moi, pardonnez-moi, mon Dieu!

s'écria le jeune homme en tombant à genoux, car j'ai parlé de le maudire!

André se dirigea vers le coffre en bois de chêne; il en tira le médaillon, qu'il offrit aux regards de Paul.

— Le voilà, mon ami... le voilà, ton brave et digne père... Mon colonel, mon pauvre colonel!...

9

tué.sous mes yeux, à Waterloo, sans que j'aie pu,
cette fois, lui faire un rempart de ma poitrine... Oh!
non, non! tu n'as pas eu la pensée de le maudire...
car il t'aimait tant, lui!... Tu venais à peine de
naître, qu'il reportait sur toi ses plus douces espérances. A son heure dernière, toutes ses craintes
étaient pour ton avenir. Il possédait 45,000 francs,
qu'il avait réalisés de sa part d'héritage; il me les
donna : « C'est pour mon fils, me dit-il... André,
qu'il devienne le tien; consacre-lui ton existence.
Retire-le du hameau, sa mère se trahirait... Pauvre
femme! tu le lui rendras plus tard. J'ai mis en ordre tous mes papiers avant la bataille... Tu trou-
veras des lettres, des pouvoirs... Adieu, mon ami,
mon frère d'armes... adieu!... » Puis, il mourut,
Paul. Hélas! il avait aimé ta mère comme tu aimes
Clotilde, et l'on eut la barbarie de les séparer.

Voici le moment de te raconter cette déplorable histoire... Aussi bien, nous ne dormirions cette nuit ni l'un ni l'autre.

Paul approcha le médaillon de ses lèvres et le couvrit de baisers ; puis, se relevant, il alla s'asseoir auprès du pâtre.

— Il y a vingt-trois ou vingt-quatre ans de cela, dit André. J'étais alors valet de ferme chez un riche cultivateur, nommé Rambaud, des environs de Hensberg, à quelques lieues de Colmar. Un matin que je sautais en bas de mon lit pour atteler mes bœufs à la charrue, je vis devant moi le fils aîné de mon maître, un bon garçon, qui n'était pas fier. Je l'aimais de tout mon cœur. On ne l'avait pas élevé dans les travaux des champs ; il étudiait pour être avocat, et son père avait déjà fourni deux hommes à la conscription. — Veux-tu me suivre, André? me demanda-t-il sans autre préambule. — Pourquoi pas, monsieur Ernest.... Où allons-nous? — A Colmar, où j'ai vu hier un officier de recrutement qui nous engagera dans les chasseurs de la garde. — Ça me va, lui répondis-je..., en route !

» Au lever du soleil, nous étions sur le grand chemin de Colmar.

» M. Ernest aimait éperdument la fille du maire de Hensberg, et il en était aimé. Par malheur, le père de sa maîtresse, chaud bonapartiste, professait un souverain mépris pour les avocats. Il avait positivement déclaré qu'il n'accepterait pour gendre qu'un officier de sa majesté l'empereur et roi; cela décidait M. Ernest à s'engager dans les hussards de la garde.

» J'avais de mes bœufs et du labour par-dessus

la tête et je ne demandais qu'à suivre son exemple.
Dès ce moment, ce fut entre nous à la vie et à la
mort. Le soir même, on nous incorpora dans l'armée.

» Napoléon se voyait alors toute l'Allemagne sur
les bras, et l'époque était fertile en victoires. Mon
jeune maître se battit comme un lion. Ses études
lui donnaient, en outre, un avantage que bien
d'autres ne pouvaient avoir. Il fut nommé lieutenant à Lutzen, reçut la croix à Dresde, passa capi-
taine à Champaubert. L'empereur lui-même, sur le
champ de bataille de Montmirail, le créa colonel et
lui tendit sa main glorieuse, en disant :

» — Monsieur Rambaud, nous vous plaçons au
rang des plus braves ; forcez-nous, le plus vite
possible, à vous nommer général.

» Il faut dire que, huit mois auparavant, les évo-

lutions de notre corps d'armée nous avaient con-
duits sur les frontières du Haut-Rhin. M. Ernest nous
ayant obtenu une permission de huit jours, nous
revîmes le clocher natal. J'avais aussi la croix,
mais absence complète de grades. Je savais me
battre, je n'aurais pas su commander. Lorsque le
vieux cultivateur reconnut son fils dans un beau
lieutenant, à la tournure martiale, au teint bruni
par la fumée de la poudre, il lui pardonna de
grand cœur notre escapade. M. Ernest fut, de plus,
accueilli parfaitement chez le maire de Hensberg,
et sa jolie maîtresse lui donna le bras avec or-
gueil. Hélas ! leur hymen était fixé à la fin de la
campagne... et ils s'aimaient !

» Nous rejoignîmes notre corps à l'expiration des
huit jours.

» J'étais le soldat de M. Ernest, autrement dit son

domestique... n'importe. Il m'appelait son frère, et

cela sous prétexte que je lui avais cinq à six fois

sauvé la vie. Ce fut alors qu'il obtint ses autres

grades, et la fortune, en le favorisant, ne changea

pas sa belle âme. Certes, il aurait gagné les épau-

lettes à graines d'épinard, et peut-être le bâton de

maréchal... Mais l'époque des revers succédait à

celle des triomphes. Les alliés entraient dans Paris;

Napoléon s'embarquait pour l'île d'Elbe; le colonel

et moi, nous prîmes notre congé. M. Ernest s'em-

pressa de venir réclamer la parole qu'il avait reçue

du maire d'Hensberg. Le misérable lui ferma l'en-

trée de sa demeure... Il portait alors l'écharpe

blanche, avait tourné casaque, et se montrait fidèle

aux Bourbons. Donner sa fille à un officier du

tyran, de l'ogre de Corse... Allons donc ! c'était

chose impossible; d'ailleurs un notaire des Vosges,

un vrai royaliste, la lui demandait. Il y avait de quoi devenir fou.

» Mon colonel pleurait comme une femme, lui si brave, si intrépide, lui que j'avais vu mille fois affronter, sans pâlir, les baïonnettes et la mitraille. Or, un malheur est toujours suivi de plusieurs autres.

» Le père de M. Ernest tomba dangereusement malade.

» Tandis que le colonel veillait auprès de ce lit de souffrance, une servante accourut de Hensberg et vint m'annoncer que la fille du magistrat allait être mère.

» On avait jusqu'alors caché la grossesse, et fort heureusement, car le féroce royaliste eût été capable de tuer sa fille.

» Avec tout cela, le vieux cultivateur était au plus mal.

» Je pris sur moi de ne rien dire à M. Ernest et j'accompagnai la messagère. Pendant toute la nuit je montai la garde aux alentours de la maison du renégat. Enfin, au point du jour, la même femme qui m'avait servi de guide me remit entre les bras un enfant nouveau-né... Cet enfant, c'était toi.

Le pâtre fit une pause, et tendit la main au jeune homme.

Paul fondait en larmes. Après quelques minutes de silence, il dit au vieux soldat, d'une voix entre-coupée par les sanglots :

— Ma mère, ma pauvre mère... morte aussi peut-être?

L'accent qu'il mit à ces paroles était déchirant; le pâtre sentit tressaillir jusqu'à la dernière fibre de son cœur.

— Seul... seul au monde! ajouta Paul, qui laissa

9.

tomber entre ses mains son front brûlant. Se voir repoussé de tous, honni par tous... absorber l'humiliation, ne pouvoir échapper au dédain ; subir chaque jour de nouvelles tortures, mener l'existence d'un paria, d'un maudit !... et n'avoir pas une mère, dont le sourire vous console, dont les baisers calment votre souffrance... une mère, qui remplacerait tout à vos yeux, et pour laquelle vous auriez le courage de dire au préjugé : Tais-toi !... car je l'aurais, ce courage, entendez-vous ? cria le jeune homme, qui se redressa brusquement et parcourut la hutte à grands pas. Je saurais forcer le monde à se courber devant mon idole, à respecter ma mère !

Il retomba sur son siége, avec l'accablement d'un profond désespoir...

— Mais non... rien... rien, mon Dieu !

André se rapprocha de Paul.

— Et moi! lui dit-il, ne suis-je pas là?... Depuis vingt ans je t'ai consacré toutes les heures de ma vie... Crois-tu que je puisse t'abandonner sans consolations aux premières atteintes de l'infortune?

— Oh! grâce, André, grâce!... Je suis coupable d'ingratitude. Oui, vous êtes mon second père, ma Providence... et je vous chérirai toujours, André... Mais, comme je souffre! comme je souffre!

Un violent combat avait lieu dans l'âme du pâtre. Il se promenait à son tour de long en large de la hutte, essuyant la sueur qui lui couvrait le front. Tout à coup il s'écria :

— Non, le secret n'est plus possible!... Écoute, Paul... tu vas me jurer sur l'image que tu as entre les mains, sur le portrait de mon colonel, de ton père... tu vas me jurer de suivre tous mes avis, de

modérer, s'il le faut, les élans les plus impétueux
de ton âme... et de ne jamais compromettre la personne dont tu sauras bientôt le nom... N'est-ce pas
que tu me le jures?

— Oui, répondit Paul, dont le sein battait avec
force et dont l'œil rayonnait d'espoir, j'en fais le
serment sur cette image... Oh! parlez, parlez!...

— Eh bien! ta mère, que tu croyais morte... ta
mère que tu regrettais si vivement tout à l'heure...
elle existe!... Allons, mon ami, du calme... J'avais
gardé le secret jusqu'alors : c'était une mesure que
m'enjoignait la prudence... Mais puis-je te voir
souffrir, quand j'ai là du baume tout prêt pour ta
blessure?... Ta mère existe, tu la connais! Il y
a trois mois qu'elle t'environne de son affection
sainte... Paul, Paul! ne me regarde pas ainsi, ta
pâleur m'épouvante. Je parle de madame Poirson...

Oui, tu le devines... mon enfant, mon cher enfant...

reviens à toi. Miséricorde!... il se meurt!

En effet, Paul tomba sans connaissance dans les

bras du pâtre. Cette joie suprême était trop forte

pour son âme, ébranlée déjà par tant de secousses

violentes.

André le porta sur le lit de fougères, desserra

promptement le nœud d'une cravate élégante ;

puis, écartant l'habit de bal, il interrogea de sa

main inquiète la poitrine du jeune homme :

— Loué soit Dieu! son cœur bat... l'émotion pou-

vait le tuer... pauvre enfant! Il a tout le courage

et toute la sensibilité de son père. Et dire que cet

infâme percepteur pourrait trancher une si belle

existence... mais, un instant, je suis là, moi!...

Comment vais-je m'y prendre? Jamais Paul ne

voudra consentir... Oh! cet évanouissement, c'est

le ciel qui le permet! J'ai des simples de la montagne avec lesquelles il sera facile... Vite... à
l'œuvre!

André courut ouvrir le placard et prit un paquet
d'herbes, fraîches encore, qu'il pressa dans un
linge pour en exprimer le suc. Pendant cette opé-
ration, Paul ouvrit les yeux et se dressa sur son
séant.

— J'ai rêvé, n'est-ce pas?... j'ai rêvé? murmura-t-il, en regardant avec inquiétude le pâtre,
qui se rapprochait de lui, tenant un verre à la
main. Cependant non... vous me l'avez dit, André...
ma mère existe!

— Oui, Paul.

Merci, merci, mon Dieu!... C'était elle!... Je ne
sais quelle voix secrète me l'avait annoncé déjà,
sans que j'aie pu m'expliquer le trouble où me

jetait cette révélation mystérieuse, ce cri de la nature... Ma mère, ma bonne mère!... Le ciel réservait ce dédommagement à mes souffrances... Oh !
combien la vie me paraîtra désormais belle et radieuse! Si je perds Clotilde, il me restera ma mère...
Comme il doit être doux, le baiser maternel!...

Il joignit les mains et parut plongé dans une
ravissante extase.

— Mais, ce matin, reprit-il, tout-à-l'heure... il
faudra me battre. Je puis être blessé, tué peut-
être... et je veux du moins, avant de mourir, embrasser ma mère!

— Paul, mon ami, reste... je t'en conjure! cria
le vieillard, s'efforçant de retenir le fils d'Hortense
sur le lit, hors duquel il voulait se précipiter. Le
jour est encore loin de paraître... et puis c'est au
pistolet que tu vas te battre; songes-y, Paul! Quel-

ques instants de repos deviennent indispensables...

il s'agit d'avoir le bras ferme et le coup-d'œil sûr.

Nous descendrons ensemble de la montagne... sois

sans crainte, ajouta le brave homme, dont la voix

tremblait en faisant ce mensonge. Tu embrasseras

ta mère, et cela te portera bonheur pour envoyer

une balle dans les flancs du lâche qui n'a pas craint

de t'insulter... Car il est une justice là-haut, vois-

tu! Je conseille à Thomas de recommander son

âme au diable... qui l'emportera, c'est clair.

— Quoi qu'il arrive, dit Paul, adieu mon premier

amour! adieu mes riantes espérances d'avenir...

adieu Clotilde!

L'honneur avant tout, mon garçon... Tu ne re-

culeras pas, j'imagine?

—Reculer! s'écria Paul: oubliez-vous que j'ai fait

à cet homme le plus sanglant de tous les outrages?

— Eh bien donc, dit André, j'exige que tu
dormes quelques heures. Je m'assiérai là, près de
toi, pour te réveiller au point du jour, et puis nous
partirons. J'ai des armes... les pistolets du colonel :
inutile de t'occuper des préparatifs. En attendant,
tu vas boire ce cordial, que je viens de composer
avec des simples du Honneck. J'y ai versé le reste
du vieux bourgogne que tu m'as apporté ce matin.

— Non , dit Paul , il me serait impossible,
d'ailleurs, de fermer l'œil... et vous ferez beaucoup
mieux, d'ici au lever de l'aurore, de poursuivre
cette histoire, qui, dès à présent, hélas! est la
mienne.

— Soit... mais bois toujours.

Il tendit le verre au jeune homme, qui le vida
d'un trait.

— J'en étais resté, ce me semble, au moment

où l'on venait de te déposer dans mes bras. Bientôt le triste colonel pleurait entre la tombe de son père et le berceau de son fils. Que te dirai-je encore? Il essaya de nouvelles démarches auprès de l'inflexible magistrat; vain espoir! ce dernier, qui savait tout alors, disparut un beau jour avec sa victime, et, deux mois après, M. Ernest reçut une lettre presque entièrement effacée par les larmes... Hortense était la femme d'un autre ! La cruauté la plus odieuse, les roueries les plus indignes avaient été mises en œuvre pour la décider à ce mariage. Un faussaire imita la signature du colonel, et sa malheureuse amante crut avoir une preuve écrite de parjure et d'inconstance. La délicatesse de son âme ne lui permettait pas de tromper un honnête homme : elle déclara qu'elle voulait tout avouer à son futur... Alors son père la menaça, la frappa

même... en lui demandant de quel droit elle oserait
souiller l'honneur de son nom?...

» Mais le sommeil te gagne, dit le pâtre en s'interrompant.

— J'écoute... j'écoute, répondit le jeune homme
d'une voix affaiblie; continuez toujours, André...
Pauvre, pauvre mère!

— A la fin de cette lettre, où elle annonçait au
colonel sa fatale union, tout en lui faisant les
reproches les plus douloureux et les moins méri-
tés, Hortense demandait en grâce qu'on lui appor-
tât son enfant dans le voisinage du lieu qu'elle
habitait. Le colonel n'eut pas la force de lui refuser
la seule joie, la seule consolation qui dût lui rester
sur la terre; néanmoins, il regarda plus tard cette
concession comme une imprudence.

— Pauvre... pauvre... mère! balbutia de nouveau le jeune homme, dont les yeux appesantis par un puissant narcotique se fermaient, en dépit de tous ses efforts.

— Il songea, poursuivit André, que la tendresse maternelle est aveugle, et qu'Hortense pouvait se trahir aux yeux de son mari, laissant peut-être, en outre, ton éducation imparfaite, pour te conserver plus longtemps près d'elle. A cette époque, nous avions rejoint l'empereur, car il était revenu de l'ile d'Elbe..., et mon ami, mon frère d'armes... comme il m'appelait lui-même... se vit frappé d'un boulet sur le champ de Waterloo...

Le pâtre s'interrompit une troisième et dernière fois. Paul dormait profondément.

— Oui, mon colonel, dit André, tombant à deux genoux, j'ai veillé sur ton fils!... J'ai souffert du froid, de la faim, pour lui conserver intact son hé-

ritage. Les revenus ont été consacrés à son éducation... Pour lui, tous les plaisirs, toutes les joies
de son âge ! pour moi, la solitude et l'indigence...
Je pensais que tu me voyais de là-haut, mon colonel, et je me trouvais trop heureux ! Aujourd'hui
que je viens d'apprendre à Paul à bénir ton nom,
à vénérer celui de sa mère... aujourd'hui qu'un
danger le menace... sois tranquille, mon colonel,
sois tranquille... le bras de ton vieux soldat ne
tremble pas encore !

Le pâtre, à ces mots, dépouilla ses haillons.

Il revêtit son ancien uniforme de chasseur de la
garde, attacha la croix d'honneur sur sa poitrine,
et, tirant les pistolets du fond du coffre, il en fit
jouer la batterie, qu'il visita scrupuleusement.
Satisfait de cet examen, il reprit le surtout de
peau de chèvre, sous lequel il cacha son costume

militaire et ses armes ; puis, attendant l'aurore, il
vint s'asseoir auprès du jeune homme et le regarda longtemps avec une tristesse affectueuse,
murmurant des adieux comme s'il ne devait plus le
revoir.

L'horizon se colorait des premiers feux du jour.
De blanches et légères vapeurs montaient de la
vallée, glissant entre les masses noirs des sapins,
comme une troupe de fantômes que chasse le retour de la lumière.

Alors André sortit doucement de la cabane, en
faisant à son chien, qui le voulait suivre, un signe
impérieux.

Fox retourna s'étendre au pied du lit de fougères.

## VI

A cette heure-là même, une femme dont le visage était entièrement voilé sous l'une de ces capes d'indienne que portent les montagnardes, lorsque les premiers froids commencent à se faire sentir, quittait en cachette la cour de la ferme. Elle traversa le hameau d'un pas furtif, comme si elle eût craint de réveiller les habitants encore plongés dans le sommeil ; puis, une fois sortie du voisinage des chaumières, sa marche gagna presque aussitôt en vitesse. Elle remonta pendant une demi-heure environ le cours sinueux du ruisseau de la vallée, qu'elle traversa hardiment ensuite sur quelques pierres moussues pour gagner les sapins du Honneck.

Le pâtre descendait alors.

Il se trouva bientôt vis-à-vis de cette femme, et ne put retenir une exclamation de surprise, lorsqu'elle eut rejeté sa cape sur ses épaules.

— Quoi ! c'est vous, Rosine ! s'écria-t-il.

— C'est moi, répondit la fermière, j'allais chez vous, André.

— Diable, vous êtes, depuis vingt ans, la première femme qui ose dire cela, parlant à ma personne... Et pourquoi cette visite au sorcier de la montagne, Rosine ?

— Le sorcier de la montagne m'a promis un talisman qui doit me rendre l'amour de Pierre,

dès que je connaîtrai ma rivale... et je la connais !

— Avec certitude?

— Oui, dit Rosine, avec certitude.

— Je n'en crois pas un mot! s'écria le pâtre,
visiblement contrarié de l'aventure. Votre mari
n'est pas capable... Allons donc! je réponds de ses
mœurs!... Toujours la même, toujours mauvaise
tête!... Vous aurez fait quelque songe absurde, ou
votre petite imagination folle se sera créée des
chimères... Là, convenez aussi que vous n'êtes pas
raisonnable! Au lieu de reposer tranquillement,
comme toute honnête maîtresse de maison peut se
permettre de le faire à cette heure, je vous trouve
à courir les champs et à mouiller vos pieds mignons dans la rosée de septembre.

— Il ne s'agit pas de rosée ni de pieds mignons!

10

répliqua la jeune femme avec un geste d'impatience ; il s'agit de votre promesse... Voulez-vous la tenir?

— En vérité, je ne demande pas mieux, dit le pâtre, croyant être sûr de son fait et comptant bien, après tout, éluder par un détour la parole qu'il avait donnée jadis.

Son but, à cette époque, était de faire passer un sage conseil à l'abri de sa réputation trop connue. Certes, il ne croyait pas que Rosine viendrait un jour le sommer d'accomplir un sortilége.

— Allons, poursuivit-il en riant, dites-moi bien vite le nom de cette terrible rivale qui, j'en suis convaincu d'avance, est loin d'être aussi jolie que vous.

— Ne plaisantez pas, André, ne plaisantez pas ! je suis malheureuse et je ne dois exciter que

votre compassion. Hier avait lieu le gala du notaire. Je refusais d'y paraître... mais il m'y
força, lui ! Pendant toute la durée du banquet, il
ne m'adressa pas un mot, pas un regard, et, le
croirez-vous? il osa courtiser en ma présence,
sous mes yeux, celle que j'ai toujours soupçonnée
de porter le trouble dans mon ménage... Une
femme de quarante ans, André... n'est-ce pas une
honte?

— Rosine! interrompit le pâtre avec un accent
de gravité sévère, vous êtes coupable de tenir de
pareils discours, et je ne vous permets pas d'atta-
quer devant moi plus longtemps la réputation
d'une personne qui a toute mon estime.

— Votre estime, votre estime... elle est joliment
placée! cria la fermière. Mais c'est épouvantable
aussi, que chacun refuse de me croire et fasse

mine de me regarder comme une folle, quand j'ai raison... cent fois raison !

— Je suis désolé ne pas être de votre avis, Rosine, et je vous conseille de rentrer à la ferme, pour vous aliter sur l'heure... Ma foi, oui ! je parle sérieusement. C'est une maladie que vous avez, une maladie fort grave.

— André, dit la jeune femme avec un ton de voix solennel qui fit tressaillir le pâtre, je vous le jure ici, devant Dieu ! celle que j'accuse est ma rivale. Hier, à table, je les ai vus constamment s'entretenir à voix basse, échanger des sourires... je me suis évanouie de douleur et de rage ! Il a fallu m'emporter mourante, et Pierre a eu la cruauté de me quitter... pour la rejoindre, pour retourner à cette fête !... Ce n'est pas tout encore. Il est rentré fort tard après le bal... Oh ! croyez-moi, ceci n'est point un rêve, attendu que je n'ai point clos la paupière ! Mon mari, pendant son sommeil, a prononcé vingt fois le nom d'Hortense, d'abord avec fureur, puis avec amour... Sont-ce là des preuves, dites... sont-ce là des preuves ?.... Et pourquoi me soupçonneriez-vous de mensonge ? Il vous est si facile de venir à mon secours, André... vous voyez combien je suis malheureuse... laissez-vous fléchir !

Et la fermière sanglottait à fendre l'âme.

Le cas devenait embarrassant pour le pâtre. Il eût voulu, de tout son cœur, avoir à sa disposition le talisman qu'il avait promis, et justifier au moins une fois sa renommée satanique. Malheureusement il s'avouait à lui-même qu'il était au-dessous de sa réputation.

Dans l'impuissance d'accorder à Rosine l'objet

de sa demande, il essaya le plus tôt possible de la payer d'une défaite, car il perdait avec elle un temps précieux.

— Je le vois, ma pauvre enfant, dit-il, vos craintes ont une espèce de fondement et nous aviserons à vous tirer d'inquiétude ; mais pas aujourd'hui, Rosine, une autre fois... demain, ou plutôt ce soir, à mon retour... Ainsi vous voilà contente ! J'ai quitté ma cabane de bonne heure... Une affaire qui ne souffre aucune remise m'appelle au hameau. Déjà même je suis en retard et je ne puis remonter pour aller quérir ce que vous savez bien.

— Pourtant cela vous serait si facile, André.... Suis-je assez à plaindre ! vous prenez intérêt à mon malheureux sort... et ne pouvoir vous décider... Mais, ajouta-t-elle, en se ravisant, je vais

monter à votre hutte, et pour peu que vous consentiez à me donner des indications précises...

André s'empressa de l'interrompre. Il songeait
avec effroi que Paul dormait dans la cabane.

— Dieu vous préserve, dit-il d'une voix sombre
et avec intention, de jamais pénétrer dans une demeure maudite ! Pour ne pas vous donner de ma
personne une idée trop défavorable, je vous ai
laissé croire, je me le rappelle, que le génie du
mal n'était pour rien dans mes opérations... détrompez-vous ! L'ennemi des hommes peut seul
donner à la créature une science comme la
mienne ; et cette science, Rosine, me coûte mon
âme ! enfin, puisqu'il faut tout vous dire... j'ai
bien peur que vous n'exposiez la vôtre en ayant
recours à moi.

La fermière se signa

— N'importe! dit-elle avec résolution, j'en ferai

pénitence ; mais je veux le talisman. Je le veux

aujourd'hui même... et, puisque vous descendez

au hameau, je me résigne à rester ici jusqu'à

votre retour.

André ne sembla pas approuver cet arrange-

ment. La terreur inspirée à la jeune femme ne le

rassurait pas, à beaucoup près, contre les tenta-

tives que la curiosité, jointe au désœuvrement

d'une longue absence, pouvait conseiller à Rosine.

Il songea que, depuis la mère du genre humain,

qui n'avait pas reculé devant une entrevue avec

Satan, bon nombre de filles d'Ève savaient encore,

de nos jours, affronter un péril, dès qu'elles étaient

certaines d'y trouver le piquant du fruit défendu.

Toutefois, il dut souscrire à l'espèce de transac-

tion proposée par la fermière. Il eut beau lui représenter qu'une jolie femme ne pouvait rester seule ainsi dans un endroit écarté : Rosine lui déclara, d'un petit air mutin, qu'elle avait des ongles pour se défendre, si on s'avisait de lui manquer de respect. Bref, elle acheva de le convaincre que ses objections étaient en pure perte, en s'asseyant sur la berge du sentier.

Quelque temps encore, André fut dans l'incertitude et ne sut quel parti prendre. Il redoutait les investigations de Rosine, pour sa cabane et pour le jeune homme couché sur le lit de fougère; mais cette crainte-là même lui prouva qu'il devait en finir le plus promptement possible avec le percepteur.

Laissant donc Rosine à mi-chemin de la montagne, il continua sa route.

Depuis cinq minutes à peine il avait quitté la

fermière, quand il entendit, à cinquante pas de distance, le bruit d'une marche précipitée. Le pâtre retourna la tête, Rosine était sur ses talons.

— J'aime beaucoup mieux cela, pensa-t-il. Sans doute elle veut me rejoindre, afin de me donner d'autres preuves à l'appui de sa belle découverte... Du diable si je m'amuse à l'attendre! il s'agit de lui montrer que je possède encore mes jambes de quinze ans... Ma foi, j'ai de la chance! elle voudra me rattraper, j'irai plus vite; elle criera, je ferai la sourde oreille... Fameux moyen de la reconduire au hameau!

Tout en se livrant à ces judicieuses réflexions, André se mit au pas de course.

Mais il se trompait, en se figurant que Rosine voulait l'atteindre. Elle ne songeait même plus à lui.

Du poste qu'elle occupait sur le Honneck, la jeune femme découvrait le village et les bâtiments de la ferme; car le soleil venait de paraître et ses rayons avaient déjà dissipé les blanches vapeurs matinales qui s'étendaient entre le mont et la vallée.

Rosine jeta les yeux sur le royaume dont elle était la reine. Toute la ferme s'éveillait. Garçons de labour, servantes, laitières et pastoureaux vaquaient à leur besogne respective. Un attelage de bœufs traversait pesamment la cour; des chevaux se précipitaient vers l'abreuvoir, et les pigeons, sortis du colombier, s'ébattaient gaîment sur les toits d'ardoise. Cette activité générale, ce luxe champêtre, ce bon air d'aisance et de richesse qui planait au-dessus de la ferme, rien de tout cela n'émut Rosine. Elle repassait dans son esprit avec

douleur les différentes scènes du drame domestique dont elle attendait le dénoûment avec une
crédulité qu'on appellerait d'un autre nom, si,
chaque jour, au fond de nos provinces, la sorcellerie ne trouvait encore à gagner son pain.

Nous avons vu des montagnards, d'un sens
droit et d'une instruction passable, croire aux sor-
ciers un peu plus qu'à l'Évangile.

Mais rien ne nous force à aller si loin pour justifier nos caractères. A Paris, en plein xixe siècle ;
à Paris, ce foyer des sciences et des arts, ce rayon
d'or de la civilisation, qui prétend éclairer l'Europe
et le monde; à Paris, enfin, où bien des gens se
montreraient humiliés si on les soupçonnait de
croire en Dieu, n'avons-nous pas vu la sibylle de
la rue de Tournon siéger sur un autre trépied de

Delphes et rendre des oracles? Combien de nos jolies Parisiennes ont exposé là, sous l'œil terne et vitreux de la sorcière, une petite main rose, toute frémissante! Combien de questions timides n'ont-elles pas faites à la tireuse de cartes sur un mari jaloux, sur un amant trompeur!... Et comme elles écoutaient religieusement la réponse! Nous préservent le sentiment des convenances, la politesse et la galanterie de trouver ces dames ridicules; mais nous les supplions d'imiter notre exemple, en ne riant pas trop de la vertu quelque peu singulière attribuée par Rosine au talisman du pâtre.

Les regards de la pauvre jalouse étaient donc abaissés vers la demeure où son coupable mari dormait sans doute encore, fatigué des plaisirs de la fête et rêvant de celle qu'il avait le mauvais goût de préférer à sa jeune et fraîche compagne.

Ce que le parallèle peut avoir de désobligeant

pour la femme du notaire, nous le rejetons, bien

entendu, sur Rosine. Il était juste qu'elle se pré-

valût, dans sa propre estime, de ses nombreux

avantages personnels.

Mais que devint la malheureuse épouse lorsque,

du haut de son observatoire, elle vit sa rivale tra-

verser la place de l'église et se diriger du côté de

la ferme? Elle se frotta les yeux et mit d'abord en

doute le témoignage de ses sens. Puis un cri de

désespoir s'échappa de sa poitrine, car il fallait

bien qu'elle s'avouât une réalité terrible. Madame

Poirson portait un châle vert, à palmes éclatantes,

le seul de cette espèce qui fût au hameau.

D'ailleurs, par ce temps clair et ce beau soleil,

Rosine, malgré l'éloignement, reconnaissait jusqu'à la façon de marcher d'Hortense. Celle-ci ne pénétra pas dans la cour. Elle tourna le mur d'enceinte et vint frapper à une porte à claire-voie qui s'ouvrait sur le verger de la ferme. Un homme parut, la fit entrer mystérieusement et referma la porte sur elle.

Hélas! hélas! Rosine avait reconnu Pierre!

Ce fut alors que la jeune femme, dans une situation d'esprit facile à concevoir, se précipita comme une folle sur la descente rapide.

Mais il est une assez longue distance à parcourir, de cette partie de la montagne au hameau. Nous avons le temps d'expliquer le motif de cette démarche de madame Poirson.

La veille, lorsque Paul, jetant le trouble au milieu du bal, sans égard aux justes représentations du notaire, s'était approché tout à coup du cavalier d'Hortense pour le prier de lui servir de témoin dans un duel à mort, on sait que le mari de Rosine écarta doucement sa danseuse et prit le jeune homme à part, afin de connaître le sujet de la querelle. Il promit au maître-clerc son assistance et rejoignit madame Poirson, dont l'âme venait d'éprouver une secousse tellement violente, qu'elle avait à peine entendu l'apostrophe injurieuse du percepteur.

— Monsieur, dit-elle au fermier d'une voix qu'elle s'efforça vainement de rendre calme, vous empêcherez ce duel... vous l'empêcherez à tout prix...

— C'est impossible, répondit Pierre avec froideur.

— Il le faut cependant !

— Mais quel intérêt, Madame, prenez-vous à ce jeune homme?

— Quel intérêt... C'est vrai, mon Dieu, vous ne pouvez le comprendre! murmura-t-elle avec angoisse. Écoutez, monsieur Pierre, j'ai confiance en votre délicatesse, en votre honneur, et je puis tout vous dire... Mais ici, dans ce bal, on nous observe. D'un autre côté, mes devoirs de maîtresse de maison... Quand doit avoir lieu ce duel?

— Demain, à huit heures, à l'endroit le plus reculé de la montagne.

— Alors, à six heures précises... chez vous... Ma visite doit être un secret pour Rosine.

— Vous me trouverez, dit Pierre très-ému, dans le voisinage de la petite porte du verger.

— Cela suffit, Monsieur... Jurez-moi de m'attendre.

— Je le jure.

Et voilà comment la fermière distingua, du haut

de la montagne, le châle à palmes éclatantes;
voilà comment elle aperçut son époux infidèle in-
troduisant sa rivale, à l'endroit fixé pour le rendez-vous.

La nuit porte conseil. Madame Poirson, dans le
premier moment de terreur, eût fait, pour arracher
Paul au péril, la révélation la plus complète; mais
elle espérait alors arriver au même but, sans aveu
direct et même en cachant tout au fermier... non
qu'elle tremblât pour elle-même, la sainte et cou-
rageuse femme ! Dieu scrute le fond des cœurs, il
pouvait lire dans le sien. N'eût-il fallu que le sacrifice de ses jours, elle se fût trouvée prête à l'accomplir. Mais elle avait à respecter un nom jusqu'alors sans tache, le nom de son mari.

Pierre l'entraîna dans un bouquet de bois séparé
des arbres à fruits, espèce de jardin de plaisance,

longeant la haie de clôture et courant jusqu'à l'autre extrémité du verger. Ces ombrages devaient favoriser leur entrevue et les défendre de tout regard indiscret.

— Rassurez-vous, dit le fermier, personne, ici, ne viendra nous interrompre... Et justement, Rosine, dont la jalousie fait mon éternel supplice, Rosine est absente.

— Vous savez pourquoi je suis venue?

— Oui, Madame... et, comme hier, ce duel vous cause un trouble, une inquiétude...

— Oh! vous l'empêcherez, dit Hortense en joignant ses mains tremblantes, vous l'empêcherez, n'est-ce pas?... Lui, si jeune, si plein d'avenir, jouer sa vie contre un être... que nous méprisons tous!... Vous le voyez bien, monsieur Pierre, la partie n'est pas égale! Mon mari, je le crains, n'aurait pas assez de fermeté pour imposer au

percepteur... Vous le connaissez... c'est un excel-

lent homme, sans doute, mais il est faible, et son

éternelle manie de ne rien prendre au sérieux...

— C'est très-juste, Madame. Ensuite il pourrait

trouver au moins... étrange le vif intérêt dont vous

honorez son maître-clerc.

— Que voulez-vous dire? demanda madame

Poirson, frappée de l'accent d'amertume contenu

dans ces dernières paroles.

Pierre s'animait en suivant son idée.

— Je veux dire, Madame... Enfin tout autre

qu'un mari distinguerait parfaitement la nature de

votre affection pour le fils du pâtre.

— Oh! Monsieur! dit Hortense, en se cachant le

visage de ses deux mains et en fondant en larmes,

vous ai-je donné le droit de me juger de la sorte?

Pierre hésita quelques secondes.

Cette grande douleur de la femme du notaire pouvait avoir une autre cause et provenir des craintes auxquelles son âme était en proie. Touché cependant des sanglots d'Hortense, il s'empara de l'une de ses mains qu'il approcha de ses lèvres.

— D'un mot, il vous sera facile de vous justifier, Madame... Oh ! pardon ! pardon ! Ne voyez pas dans ce que je vais vous dire une nouvelle offense... Mais j'étais si malheureux et vous avez eu tant de compassion de mes chagrins, vous avez mis tant d'empressement à les adoucir, que, malgré moi, j'ai dû vous aimer comme un ange consolateur !... Oui, je vous aime, Hortense, je vous aime d'amour.

— Monsieur, dit madame Poirson, qui avait recouvré le sang-froid nécessaire à la circonstance,

11.

je vous sais trop de loyauté dans l'âme pour craindre d'avoir jamais à me repentir de ma démarche. Souffrez donc que je ne prenne pas au sérieux
ce que vous venez de me dire. Tout à l'heure vous
m'avez exprimé des soupçons cruels... Avec une
moindre précipitation dans vos jugements, vous
auriez vu que Clotilde, ma pauvre Clotilde, je
dirais presque ma fille... vous auriez vu, dis-je,
qu'elle aimait Paul. Or, ne dois-je pas envisager
le duel avec terreur, moi qui demande la félicité
de ces deux enfants ? Certes, Monsieur, cela vous
explique suffisamment mon trouble. Et, quand
déjà vous n'eussiez pas dû me tenir un tel langage, voici que vous me parlez d'amour... vous,
dont le cœur est si noble, vous qui devez si bien
comprendre le devoir !

— Hélas ! dit le fermier, j'ai longtemps combattu, j'ai fait appel à la froide raison ; mais le devoir, que vous invoquez, ne donne pas le bonheur... et le bonheur, Hortense, est pour moi dans votre amour.

Madame Poirson avait retiré sa main de celle de Pierre ; elle la lui rendit tout à coup avec un geste gracieux et plein de franchise.

— Vous voulez dire mon amitié, n'est-ce pas ?... car je ne suis plus qu'une vieille femme, et me faire une déclaration sérieuse... à moi !... ce serait voyager beaucoup trop loin dans le pays des rêves. Eh bien ! je vous la donne, mon amitié, pure et sainte ! Je m'engage à ramener Rosine à des sentiments plus calmes, aux douces joies de votre intérieur... Mais vous, Pierre, songez à mes pauvres enfants ! L'heure s'écoule, et vous êtes mon seul espoir.

Avant que le fermier pût lui répondre, Hortense, dont l'oreille venait d'être frappée par un bruit qui partait du voisinage de la maison, lui plaça vivement une main sur la bouche.

— Écoutez? dit-elle.

— Bah! criait une voix, qu'ils reconnurent aussitôt, ils sont là-bas à se becqueter tous les deux, je le gage, ni plus ni moins que des tourterelles ! Hier la brouille, aujourd'hui la réconciliation... Pardieu ! je connais cela.

C'est mon mari! dit Hortense. Il ignore ma démarche... Que devenir?

Pierre la cacha derrière un massif de coudriers, et presque au même instant parut M. Poirson.

— J'en étais sûr! dit-il en apercevant le fermier. Bonjour, mon ami, bonjour... Ah çà ! mais, où est-elle ?

— Qui cela? demanda Pierre avec un léger tremblement dans la voix.

— Qui ?... voyez l'hypocrite... votre femme, donc, votre femme! On s'est un peu réconcilié, j'espère... Heureux coquin! J'arrive ici mal à propos et j'effarouche les amours... Mais, dame, le cas est pressant. Voyons, où est-elle, que diable? L'espiègle se sera cachée là, quelque part, comme un oiseau sous les feuilles. Je veux lui tirer ma révérence et nous causerons du sujet qui m'amène.

Pierre arrêta brusquement M. Poirson, car celui-ci se dirigeait vers le rideau de verdure qui masquait Hortense.

— Rosine est sortie, et vos recherches seraient vaines.

— Sortie... parole d'honneur? C'est drôle, ma

femme également. Je gage qn'elles sont ensem-

ble !... Oui j'ai dit à Hortense de laver un peu la

tête à cette petite jalouse... hum!... qui s'avise de

pleurer au champagne... sacrebleu !... Mais alors

vous êtes ridicule, mon cher, ou vous ignorez ce

qui se passe?... C'est-à-dire, non... je vous soup-

çonne de tout savoir. Au bal, Paul vous a chuchoté

quelque temps à l'oreille? Je vous ai fait des

questions... vous y avez répondu, oui... mais d'une

manière parfaitement évasive. D'un autre côté,

ma femme paraissait trop malade, pour que je me

permisse de lui en faire...

— A présent, dit le fermier, je puis tout vous

apprendre : Paul doit se battre en duel avec le

percepteur.

— Là, je vous le disais, vous connaissiez l'his-

toire... et je vous trouve à vous promener mélan-

coliquement sous les arbres, comme un amoureux transi ! Que vous ayez perdu quelques minutes avec Rosine, je le concevrais encore... oui,
car enfin les femmes...

— Mais, s'écria Pierre avec impatience, vous
gaspillez vous-même le temps, au milieu de vos
incroyables divagations !

— Divagations... fit le notaire, le terme est un
peu fort... N'importe, je l'accepte ! et voici la chose
entièrement dégagée de périphrases. Lorsque
l'absurde escapade de cet animal de percepteur
eut achevé de troubler la fête dont la gaieté, grâce
aux lubies de Rosine et aux coudes de Paul, était
déja légèrement compromise, les danseuses demandèrent leurs châles, leurs mantelets ; puis les
maris de ces dames, ceux du moins qui devaient
retourner à la ville, firent atteler. Tout cela n'é-

tait pas amusant! d'habitude, on sautait jusqu'à

l'aurore. Mais Hortense... pauvre chatte d'amour !

était pâle, fatiguée... Ma foi, je ne retins personne

et je dis à ma femme : — Allons, couche-toi, bi-

chette! Clotilde n'est plus là... c'est égal, je te

laisserai dormir en repos. — Je me doutais de

quelque chose, et j'avais mon plan. Je monte à la

chambre du maître-clerc, je frappe... pas de ré-

ponse... Diable! pensai-je, il dort déja? c'est bon

signe, et mes craintes n'ont pas de fondement.

Toutefois, à mon réveil, j'eus de nouvelles inquié-

tudes... car enfin, ce jeune homme doit me suc-

céder dans ma charge, dont le prix est versé

d'avance... quarante-cinq mille francs, mor-

bleu !

— De grâce, abrégez! dit Pierre.

Il avait fait de vains efforts pour entraîner loin de

là son prolixe interlocuteur et souffrait cruelle-
ment de la pénible situation d'Hortense.

— Comment donc, j'abrége beaucoup, mon
cher, et je me trouve d'un laconisme admirable !...
Ce matin, je remonte à la chambre de Paul, je fais
le plus odieux vacarme... rien ! Je m'aperçois alors
que la clef se trouve après la serrure : j'ouvre...
absence totale d'habitant !... Je vois un lit qui n'é-
tait pas même dérangé.

Pierre interrompit de nouveau M. Poirson, car,
décidément, le brave notaire n'en finissait plus.

— Il est pour moi de la dernière évidence, lui
dit-il, que ce jeune homme, ayant sur les bras
une affaire d'honneur, est allé tout confier au pâtre du Honneck, à son père.

— En effet, c'est possible... mais pouvais-je
deviner cela, moi ? Je soupçonnais seulement le

duel, et j'étais dans une anxiété... Ma foi, pensai-je, éveillons ma femme! Je descends chez Hortense et j'écarte en douceur les rideaux de son lit... dénichée! Je prends sur moi de courir chez Thomas, et je le trouve nettoyant des pistolets... Plus de doute! — Vous vous battez avec Paul? lui dis-je· — Un peu! me répondit la bête féroce, en faisant craquer le chien d'une batterie. — Et pourquoi cela? — Je l'ai appelé bâtard et il m'a gratifié d'un soufflet. — Quant au soufflet, lui répondis-je, il n'y a rien à dire; mais l'avoir appelé bâtard, c'est une indélicatesse au premier chef. Vous teniez de moi qu'il était le fils naturel d'André, par conséquent... — Par conséquent, me cria le brutal, vous pouvez aller vous promener avec vos observations! Ce disant, il me poussa dehors. — Bon! murmurai-je à part moi, je vais me rendre chez Pierre.

Son oncle est maire de la commune ; nous invoquerons l'appui du garde-champêtre, et nous défendrons ce duel, au nom de la loi... Voilà! fit M. Poirson, qui se frotta joyeusement les mains en terminant son discours.

— Si vous ne trouvez que le garde-champêtre pour empêcher de se battre deux hommes qui en meurent d'envie, dit Pierre, je suis loin d'admirer votre imaginative.

— Eh! quand on n'a pas à choisir, tous les moyens sont bons ! cria le notaire.

Comme il disait ces mots, un coup de pistolet se fit entendre dans le voisinage, et fut presque aussitôt suivi d'une seconde détonation. Le fermier tressaillit et devint pâle.

— Rassurez-vous, parbleu ! ce n'est que le prélude. Thomas essaie des armes... le bourreau se

prépare à l'exécution. Vous ignorez, à ce que je
vois, que ce tigre altéré de sang, cet anthropophage
de percepteur, est de première force au pistolet.
Je l'ai vu très-souvent faire mouche à cinquante
pas... et, si Paul se mesure avec lui, c'est un
homme mort.

Un cri faiblement retenu se fit entendre sous les
coudriers.

Le notaire pirouetta deux ou trois fois sur lui-
même, jetant aux alentours des regards pleins de
surprise. Enfin, il suspendit ce mouvement de
rotation, pour se retrouver juste en face du fermier.

— C'est une femme... Pourtant vous m'aviez dit
que la vôtre...

— Est sortie, c'est vrai, dit Pierre avec ce calme
que donne l'imminence du péril. — Chut!... fit-il
ensuite avec un geste très-intelligible.

— Ainsi, vous avez là... quelque maîtresse? murmura M. Poirson, dont la figure devint sérieuse... Là, dans ce jardin, presque sous le toit conjugal... Je vous blâme, c'est une mauvaise action... Pauvre Rosine! elle était loin d'avoir tous les torts.

— Je n'essaierai pas de me disculper... Seulement, je vous demande le secret...

— Parbleu! soyez tranquille, je ne soufflerai pas le mot à Hortense... D'ailleurs, ceci est d'un trop vilain exemple. Mais je vous laisse. Je conçois que la personne tienne à ne pas être connue... Diable! diable! je n'aurais jamais cru cela de vous, mon ami!

— Cinq minutes, dit Pierre, et je vous rejoins dans ma chambre.

— Oui, dit M. Poirson, qui s'éloigna rêveur et

traversa le verger, pour gagner les derrières de la ferme.

Il n'eut garde de se retourner : le brave homme était d'une délicatesse rare. Sur le chemin qu'il arpenta, pour aller s'enfermer dans l'appartement de Pierre Denis, on eût pu l'entendre répéter plus d'une fois : Diable ! diable !

Cependant Hortense venait de quitter précipitamment sa cachette et de courir au fermier, dont elle serra le bras par une étreinte convulsive.

— Vous avez entendu ? Cet homme, ce misérable est de première force au pistolet. Mon Dieu ! Mais il va m'assassiner mon enfant, mon pauvre enfant !... car il faut vous le dire enfin... je suis la mère de Paul !

Et, comme le fermier la regardait avec un étonnement difficile à dépeindre :

— Vous saurez tout... plus tard ! c'est une faute, un malheur... un épouvantable malheur de ma jeunesse... Mais sauvez-le d'abord, mon ami, mon véritable ami ! Vous avez entre les mains plus que mon existence, vous avez mon honneur... et je vous le confie sans crainte... Oh ! ne soyez pas sourd au cri que pousse une mère du fond de ses entrailles... rendez-moi Paul, rendez-moi mon fils !

En ce moment la porte à claire-voie cria sur ses gonds et donna passage à Rosine. Pâle, échevelée, l'œil en feu, elle tomba comme la foudre entre son époux et Hortense.

La rage, la jalousie, la haine, toutes les passions violentes se reflétaient sur le visage décomposé de la jeune femme. Ses lèvres essayaient en vain d'articuler des paroles. Elle ne poussait que des clameurs étouffées ; mais ses regards, deux éclairs, prouvaient l'effrayante agitation de son âme. Elle avait perdu la cape d'indienne sur le sentier de la montagne, et ses cheveux blonds, dénoués par la rapidité de la course, flottaient en désordre sur ses épaules nues.

— Rosine, au nom du ciel, pas d'éclat ! dit le fermier.

Madame Poirson s'approcha, tremblante, et voulut essayer de prendre la main de la jeune femme ; mais celle-ci la foudroya d'un tel regard de haine, qu'elle recula d'épouvante. Toutefois, elle murmura d'une voix éteinte :

— Je ne suis pas coupable, Rosine... les apparences sont trompeuses..... revenez à vous, ma chère enfant, revenez à vous !

— Je vous le jure, mon amie, dit Pierre, le

motif de cette entrevue se trouve tout à fait en dehors des suppositions que vous formez en ce moment.

Rosine éclata.—Vous les entendez, mon Dieu!... vous les entendez l'un et l'autre... ils osent nier encore! Ils n'ont pas le courage de leur crime... Deux traîtres! deux infâmes!

Sa voix irritée vibrait sur toutes les cordes du désespoir. Il état impossible que le bruit d'une pareille scène n'arrivât point aux oreilles de M. Poirson, car une légère distance séparait de cet endroit du jardin la chambre où il se trouvait alors.

— Partez, éloignez-vous! dit Pierre à Hortense.

Il lui désignait la porte à claire-voie, laissée toute grande ouverte par Rosine, et la femme du notaire s'enfuit rapidement. Tout ceci se passait en un clin-d'œil.

12

Comme la chose était facile à prévoir, les cris de l'épouse furieuse parvinrent en effet jusqu'à M. Poirson, qui s'empressa d'accourir. Il trouva Rosine dans un état effroyable, s'arrachant les cheveux et se frappant le visage, malgré les efforts du fermier pour arrêter cette crise de désespoir et de douleur.

— Eh bien ! voilà du propre ! dit le brave notaire. Allons, Rosine, allons... êtes-vous folle de meurtrir ainsi vos petites joues et d'arracher ces beaux cheveux dorés ?... Mais enfin, qu'y a-t-il ?... On ne se livre pas à un chagrin pareil sans des raisons fort graves.

— Il y a, dit tout à coup la fermière avec une résolution fougueuse, que je viens de les surprendre... ici même... à l'instant !

— Qui donc ?

— Rosine!... Rosine! cria Pierre.

Son accent eut quelque chose de si impérieux
et de si suppliant tout ensemble, que sa femme le
regarda, cette fois, avec plus de douleur que de
colère, et murmura d'une voix faible :

— Oui, vous avez raison... je dois garder le
silence... mais, demain, je serai morte !

— Eh bien ! mon ami, dit le notaire à voix
basse, conviendrez-vous de la justesse de mon
raisonnement de tout à l'heure? Voici que vous
êtes dans vos torts... au grand complet. Vous vous
êtes laissé surprendre...; justifiez-vous donc après
cela ! Tenez, promettez-moi d'être plus sage, et je
vais faire en sorte de vous blanchir un peu... Ce
ne sera pas facile... enfin j'essaierai toujours.

— Mais, dit Pierre avec inquiétude, vous oubliez
que le duel doit avoir lieu...

— A huit heures, interrompit M. Poirson. Voyez ma montre... elle règle le soleil et marque sept heures moins vingt. Toutes réflexions faites, nous avons du temps à nous... laissez-moi vous blanchir !

Il se rapprocha de Rosine, dont le désespoir avait fait place à l'accablement le plus morne.

La malheureuse femme était tombée sur un banc voisin. Ses bras inertes pendaient à ses côtés, et son regard était fixe comme le regard d'une folle.

— Allons, allons, pauvre colombe effarouchée ! dit le notaire, je ne suis pas un vautour, et ces beaux yeux peuvent me regarder sans crainte .. Nous croyons notre mari coupable, n'est-ce pas ? nous en sommes bien sûre... Fadaises, Rosine, fadaises ! C'est encore un tour de plus que vous joue ce petit volcan que vous portez sur vos épaules...

Ah! mon Dieu, oui!... J'étais là, moi... depuis quelques minutes à peine, je leur avais tourné le dos...

— Quoi! s'écria Rosine, vous ne me trompez pas... vous l'avez vue?

— Parbleu!

— Votre femme?

— Hein? cria M. Poirson, qui se redressa comme s'il eût été mordu par une couleuvre.

— C'en est fait, murmura Pierre.

Il regarda Rosine, dont le visage se couvrit d'une teinte encore plus livide. Elle sentait toute la portée fatale de ces deux mots qui venaient de lui échapper.

— Ma femme... disait le pauvre notaire avec un accent de douleur impossible à rendre. C'était Hortense... Oui, n'est-ce pas, c'était bien elle?... Par-

12.

leras-tu, lâche? cria-t-il ensuite, en secouant avec force le bras du fermier.

Dans ce moment, où son honneur se trouvait en jeu, M. Poirson ne se ressemblait plus à lui-même. Il avait grandi d'un pied, son œil lançait des flammes.

— Ecoutez, dit Pierre, quoi qu'il arrive, je suis à vos ordres. Mais je dois vous le dire ici, la main sur la conscience, votre femme est sans reproches.

— Subterfuge, Monsieur!... L'innocence lève le front haut et ne craint pas d'être vue. Je n'ai pas besoin de vous dire que je vous attends... que je vous attends sur l'heure!

Et le notaire sortit par la porte du verger.

Rosine, frémissante, courut à son époux, qui se mettait en mesure de suivre M. Poirson.

— Jamais! s'écria-t-elle, non, je ne dois pas le
souffrir... tu ne te battras pas!... Je dirai que j'ai
menti, Pierre... Oh! pardonne-moi! pardonne-
moi!

— Madame, lui répondit le fermier, vous ne re-
médierez à rien avec votre repentir tardif. Vous
aurez empoisonné la vie d'un honnête homme,
causé le déshonneur d'une femme vertueuse...
oui, vertueuse, je le jure, sur mon âme!... Si je
pouvais trahir un secret, qui n'est pas le mien,
vous n'auriez pas assez de larmes pour déplorer
votre folie. De plus, Rosine, vous aurez à vous re-
procher ma mort... car je ne me défendrai pas,
non!... l'existence m'est à charge et je n'ai plus à
espérer de félicité dans ce monde. Les premiers
jours de notre hymen m'avaient presque fait croire
au bonheur... Hélas! vous avez tout brisé, tout

flétri!... Restez seule et pleurez sur les ruines de notre amour... Adieu, Rosine, adieu!

La jeune femme poussait des cris déchirants. Il se dégagea de ses mains et s'élança sur les traces du notaire.

## VII

M. Thomas, ainsi que l'avait parfaitement deviné le pâtre, ayant dissipé dans les orgies et la débauche la dot de Clotilde, voulait à tout prix empêcher un mariage pour lequel, du reste, son consentement devenait indispensable.

Un autre que le percepteur eût dissimulé son mauvais vouloir, au moyen de ces formes diplomatiques qui savent traîner les choses en longueur, tout en n'ôtant rien à l'espérance. Mais Thomas possédait au plus haut degré la résolution brutale et le manque de savoir-vivre des hommes de sa trempe. L'espèce d'impunité, qui jusqu'alors avait suivi ses manœuvres, contribuait beaucoup à lui donner ce courage du vice et cette effronterie du désordre. Chassé, comme nous l'avons dit, d'une perception beaucoup plus avantageuse et relégué par un châtiment administratif au fond des Vosges, il ne changea pas de conduite et se borna, quelques mois durant, à jouer l'hypocrisie.

Néanmoins, comme il persévérait dans de folles dépenses, à la faveur du manteau provisoire jeté sur ses débauches, et que, d'un autre côté, sa place lui offrait des ressources médiocres, il conçut le projet ignoble de se faire voler en plein jour et devant témoins, afin de s'approprier une somme, qu'il partagerait ensuite avec son complice.

Or, André, qui depuis vingt ans habitait la montagne, en connaissait les plus secrètes profondeurs.

Il lui arrivait souvent de se reposer dans les hautes bruyères, au bord d'un précipice, ou bien adossé contre un sapin gigantesque, sans qu'on pût soupçonner sa présence. Les amants, comme les criminels, cherchent la solitude et le mystère, de sorte qu'il arrivait au pâtre de faire involontairement les plus étranges découvertes. Le percepteur et Jacques Belmat, cet indigne amoureux de Rosine, vinrent s'asseoir à deux pas de lui pour discuter leurs plans détestables. Par conséquent, rien n'était plus simple que de les déjouer, ce que fit le pâtre.

Ces bonnes actions avaient un double prix pour André. D'abord elles lui valaient à juste titre les éloges de sa conscience, puis elles rompaient la trop grande uniformité de sa vie.

Lorsque M. Thomas aperçut l'homme qui lui

rapportait à domicile le sac d'or volé par Jacques Belmat, son front impudent se couvrit de pâleur.

Mais convaincu bientôt de la discrétion du pâtre, voyant que rien ne transpirait de l'aventure et rassuré définitivement par la disparition de son complice, il se rendit à la recette particulière, excita la pitié de son chef par le récit d'un malheur, que de nombreuses attestations pouvaient certifier; puis il versa six mille francs à la caisse, jurant que c'était là tout son avoir, et promettant sur l'honneur de payer le reste quand il aurait touché la succession de son père, qui vivait encore.

Cette noble conduite apparente, annoncée en haut lieu, donna presque du repentir au ministère. On regretta d'avoir châtié trop sévèrement, pour des peccadilles, un homme qui s'exécutait avec une probité si digne de louanges.

Sans que le pâtre pût en avoir le moindre indice, le percepteur gardait quatre beaux mille francs. Ce tour de filou lui donna le moyen de continuer ses nobles exploits.

Le voyage en Provence eut lieu sur les entrefaites et amena la charmante apparition de Clotilde au hameau.

Dans son pays natal, Thomas avait eu l'adresse de se donner pour un homme grave, entièrement revenu de ses torts et disposé par tous les moyens possibles à racheter les fautes d'une jeunesse orageuse. On lui confia la tutelle de sa jeune sœur, et par conséquent il lui fut loisible de disposer de la modeste fortune de Clotilde en même temps que de la sienne. Le jeu dévora bientôt l'une et l'autre. Cependant il cachait avec soin ses pertes ; car, sous divers prétextes, il avait reculé le paiement

de la somme dont il s'était reconnu redevable vis-
à-vis de la recette particulière.

Le mariage de sa sœur eût trahi sa ruine, par
conséquent il rejeta toutes les demandes qui lui
furent faites. Puis, comme Paul, encouragé par
la femme du notaire, lui semblait un prétendu
trop sérieux, il insulta le jeune homme et résolut
tout simplement de le tuer, pour se débarrasser
de ses poursuites.

Le percepteur avait le sang-froid méprisable du
spadassin joint au courage du brigand. Donc il
était sûr de son fait.

Une chose pourtant lui donnait de l'inquiétude.
Il croyait Paul fils du pâtre, de ce même homme
qu'il savait possesseur d'un secret d'opprobre. Les
réflexions de M. Thomas à cet égard le conduisi-
rent au raisonnement que voici :

— Qu'André seul m'accuse, pensa-t-il, son témoignage est nul. Pour rendre ce témoignage valable, il faudrait que Belmat vînt l'appuyer de ses aveux... Il se gardera bien de le faire. D'ailleurs, où est-il? au diable et peut-être plus loin. Donc j'attaque le pâtre en calomnie, je prouve qu'il est guidé par un sentiment de vengeance et qu'il veut me punir d'avoir refusé la main de Clotilde à son fils... Je n'ai rien à craindre.

Se répétant pour la dixième fois cet invincible syllogisme, le percepteur envoya chercher ses témoins, deux compagnons de débauche logés à l'autre bout du hameau.

L'instant d'après, il reçut la visite du notaire, visite qu'il accueillit fort mal, décidé positivement à ne ménager personne. Comme il tenait d'une main ses armes, dont il s'occupait à nettoyer les

canons, il montra, de l'autre, la porte à son voisin,
et l'aida même à sortir plus vite, en le poussant
par les épaules.

Toutefois, le notaire parti, Thomas devint pensif.

L'amant de Clotilde intéressera nécessairement
tout le hameau. Chacun voudra le soustraire au
péril ; et, si l'on réussit, comme la chose est pro-
bable, on avisera sans doute à scruter la conduite
du percepteur et à chercher les véritables raisons
qui le font agir.

Un tout autre projet que celui de tuer le maître-
clerc prit aussitôt naissance dans le cerveau de ce
lâche.

Sans déposer ses pistolets, il gravit l'escalier
qui menait à la chambre de Clotilde.

La triste enfant, à l'aspect de son frère, sentit
un frisson douloureux courir dans ses veines.

Elle avait passé la nuit sur un fauteuil, éperdue, désolée, pleurant toutes les larmes de son cœur.

— Suivez-moi, sur-le-champ, mademoiselle, dit Thomas d'un ton brusque. J'ai réservé pour ce matin l'explication que vous me demandiez après notre sortie du bal.

— Mon frère... O mon frère! pourquoi ces armes?

— Vous allez le savoir.

Elle descendit frémissante, et le percepteur la conduisit hors de la maison, sous un hangar, au fond duquel se trouvait une plaque de fonte enduite d'une couche noire, espèce de tir servant à exercer à domicile le coup-d'œil de M. Thomas et à lui entretenir la main.

— Clotilde, commença le percepteur, qui chargeait en même temps ses armes avec le flegme le plus atroce, sans paraître s'apercevoir de l'impression cruelle que ces préparatifs causaient à la jeune fille, dites-moi, si vous plaît, combien il y a que nous sommes revenus de Provence ?

— Environ six mois, mon frère.

— Vous vous rappelez sans doute que le tribunal de Draguignan m'a confié votre tutelle.

— Oui, murmura la jeune fille, ne voyant pas encore le but où conduisaient ces questions.

Thomas versait la poudre dans ses pistolets avec une lenteur calculée.

— Dites-moi, Clotilde, quelle somme à peu près croyez-vous que j'aie réalisée par la vente de notre héritage ?

— Mon frère...

— Je dis à peu près... Y êtes-vous ?

— Non, répondit-elle, jamais il ne m'est venu dans l'idée de faire ce calcul.

— Bravo ! cela prouve un désintéressement qui vous honore, Clotilde. Eh bien ! moi, je vais aujourd'hui vous rendre mes comptes et vous poser des chiffres. La maison, vieille et dégradée, a produit dix-sept mille francs ; les vignes et les terres, onze mille.... en tout, vingt-neuf mille francs, y compris le résultat de la vente du mobilier, lequel, vous le savez mieux que moi, n'était pas de la première opulence. Il vous revenait donc pour votre part, Clotilde, quatorze mille cinq cents francs. Ma foi, le magot n'était pas lourd ! et vous étiez loin d'être une riche héritière.

— Mais, dit la jeune fille, je ne comprends pas...

— Vous allez comprendre. Je me suis dit : Quatorze mille francs... belle avance ! Comment faire pour tripler, quadrupler cette somme? car, enfin, j'aime beaucoup ma sœur, et je veux qu'elle épouse un parti brillant. Le commerce?... Allons donc! il y a trop de chances de perte, et, du reste, je n'y entends goutte. L'agiotage? Mais cela demande une mise de fonds très-considérable. Bah! me suis-je dit alors, qui ne hasarde rien n'a rien! Donc, j'ai joué vos quatorze mille francs.... ils courent la pretentaine!

— Vous les avez perdus, mon frère?...

— Mordieu! s'il n'y avait que cela... mais toujours dans votre intérêt, Clotilde, et pour rattraper les fugitifs, j'ai mis sur leur piste mes limiers à moi, sang Dieu! mes beaux quatorze mille francs, que je lorgnais du coin de l'œil, en leur disant tout bas : Voyons, mes amours, *crescite et multiplicamini...* Tonnerre! disparus également,

Clotilde, disparus sans remède... car je n'ai plus de limiers à mettre à leurs trousses.

— Mon frère, dit la jeune fille, en joignant ses mains palpitantes, vous avez joué mon héritage... et je vous pardonne... mais Paul... ne le tuez pas, au nom du ciel !... épargnez sa vie!

Le percepteur chassait les balles au fond des canons.

— J'étais sûr que vous alliez divaguer, Clotilde. Que signifient ces mots : Je vous pardonne? Vous me pardonnez quoi, ma sœur? d'avoir joué la misérable dot qui vous était destinée?... A merveille! Essayez de rendre service aux ingrats ! Mais c'est moi, Clotilde, c'est moi qui ne devrais pas vous pardonner.... car, enfin, cette sottise d'exposer ma légitime et de la perdre jusqu'au

13.

dernier sou, pour qui l'ai-je faite? Pour vous et
˙dans le seul but de vous aider à contracter quelque mariage avantageux. Vous figuriez-vous, ma
sœur, que je dusse jamais consentir à un hymen
avec ce petit clerc, cet enfant trouvé, ce... gaillard
qui n'a pas même de nom à vous offrir...

— Mon Dieu, protégez-moi ! s'écria la jeune
fille avec angoisse.

— Dites... pensiez-vous que je dusse jamais
souffrir cette union déshonorante? Et mademoiselle s'amourache d'un pareil cuistre, sans me
consulter... moi, son frère ! moi, son tuteur ! Je
la surprends à lui accorder un tête-à-tête. Mon
devoir, bien entendu, me force à déclarer à ce
jeune fat que ses prétentions me semblent ridicules. La-dessus, il me provoque, me frappe au
visage, fait plus encore... et me voilà dans l'obli-

gation de jouer mon existence, que je puis très-bien perdre... comme tout le reste.

Il arma l'un des pistolets.

Clotilde ne put retenir un cri perçant, mais le percepteur n'y prit pas garde.

— Heureusement, — continua-t-il en ajustant un de ces petits papiers collés sur la plaque, et que les habitués appellent *mouche*, — mon coup d'œil est toujours aussi sûr... Voyez plutôt, ma sœur !

M. Thomas pressa la détente, et la mouche fut enlevée.

— Quand je le disais, cria-t-il avec joie. Mais cette épreuve, Clotilde, vous semble peut-être insuffisante... A une autre !

Il arma le second pistolet.

Un pauvre moineau franc, qu'avait effrayé le

bruit de la première détonation, s'était enlevé des toits voisins et traversait la cour à tire-d'aile. Thomas l'ajusta froidement ; le coup partit, et l'oiseau vint tomber aux pieds de Clotilde.

— Très-bien ! fit le percepteur. Comme je suis l'offensé, j'ai le droit de tirer avant lui... Peste ! un homme ne vole pas et présente un autre point de mire qu'un moineau !

Clotilde se traînait à ses genoux, pâle, éperdue, les yeux inondés de larmes.

— Mon frère, mon frère ! je renonce à Paul... mais grâce... grâce pour lui !

— Pour mon adversaire... y songez-vous ?

— Je ne veux pas qu'il meure ! je renonce à lui, vous dis-je... et, s'il le faut, je saurai déclarer à tous... à lui-même ! que de ma propre volonté je repousse le mariage... oui, je vous le promets !

— Clotilde, prenez garde! cette promesse est-
elle sincère?

— Je vous le jure!

— Allons, vous êtes une bonne fille. Vous repro-
cherez à la femme du notaire de vous avoir induite
en erreur... vous lui direz que vous refusez pour
époux un homme qui porte au front la tache hon-
teuse de sa naissance... Les grands mots, ils ne
coûtent rien! Ce motif est assez fort, et, dès que
vous parlerez avec conviction... ma foi, l'on ne se
donnera pas la peine d'en chercher un autre.

— Assez! murmura la jeune fille, mon cœur se
brise... Paul aura le droit de me mépriser... N'importe, je lui sauve la vie!

— Ça, par exemple, vous pouvez vous en flatter,
Clotilde! Mais j'y songe... Tout à l'heure, il s'agira
d'esquiver ce duel?... je caponnerai, soit. Or, c'est

établir un précédent fâcheux. Mon projet... tôt ou
tard il faudra que je me décide... est de partir
pour l'Amérique, afin d'essayer d'y fixer cette
femelle volage qu'on nomme la fortune. Alors,
Clotilde, je vous rapporterai... c'est à peu près
sûr... une autre dot infiniment plus distinguée que
la première. Mais, en attendant ce départ, d'autres
prétendus arriveront ; il nous en pleuvra des
masses... et, dans ce nombre, il y en aura bien
quelques-uns, mordieu ! qui ne seront pas bâtards.
Quelle raison voulez-vous que je leur donne ? Fau-
dra-t-il avouer que vous n'avez plus un centime,
et que moi-même... Jamais ! Le duel aura lieu,
c'est inévitable ; il n'y a pas d'autres moyens d'empêcher les poursuites. Vos amoureux reculeront
peut-être quand ils sauront que j'ai le projet bien
arrêté de les mettre tous à l'ombre.

— Abordez plus franchement la question, mon frère, dit Clotilde avec un soupir. Dieu me donnera la force de consommer jusqu'au bout mon sacrifice. La pauvre fille sans dot ira s'enfermer dans une maison religieuse... C'est le plus court désormais, n'est-ce pas, mon frère? Et voilà pourquoi vous me parliez, à tant de reprises différentes, de ce couvent de Carmélites qui vient de se fonder à quelques lieues d'ici.

— Quoi! vous consentiriez...

— Je consens à partir aujourd'hui même. Je demanderai l'habit de novice à la supérieure, et, dans un an, je prendrai le voile... Adieu, Paul!... adieu!... maintenant nous ne devons plus nous revoir qu'au ciel!

— Du courage, dit le percepteur. Vite une lettre à madame Poirson... Prouvez-lui que vous agissez sous l'influence de votre libre arbitre. Je vais, de ce pas, préparer la cariole, et nous partirons avant que l'heure de ce maudit duel...

— Un instant! cria tout à coup une voix foudroyante, qui fit retourner Thomas et tressaillir la jeune fille.

C'était le pâtre.

La servante de la maison lui avait ouvert. Caché depuis dix minutes à la faveur d'un pilier du hangar, il assistait à tous les détails de cette scène odieuse.

Il continua sur le ton d'un maître qui commande :

— Vous n'entrerez pas aux Carmélites, mademoiselle... Et vous, monsieur, vous allez renvoyer votre sœur à celle qui, depuis trois mois, lui a servi de mère.

— En vérité, je crois que ce mendiant me donne des ordres! cria Thomas, dont la figure était pourpre de rage.

— Il n'y a point ici de mendiant, dit André, qui écarta sa casaque de peaux de chèvres et découvrit son uniforme. Vous avez devant vous un soldat de l'empereur, un vieux soldat qui a gagné la croix sur les champs de bataille, et que vous avez insulté dans la personne de son fils... Oh! ne vous précipitez pas sur vos armes! Elles sont maintenant inoffensives... et celles que vous voyez là pourraient vous faire repentir d'un outrage.

En même temps il armait les pistolets d'arçon qu'il avait apportés. Comme la jeune fille jetait un cri d'épouvante, il ajouta :

— Simple mesure de prudence, mademoiselle, n'ayez pas peur.

— Misérable! hurla Thomas; sortez... sortez à
l'instant!... Vous avez dérobé ce costume, je ne
vous connais pas!

André croisa les bras de manière à tourner le
canon de ses armes vers la terre; puis il s'avança
lentement jusqu'en face de son ennemi, le regardant avec une expression de pitié méprisante :

— Et tu oses le prendre sur ce ton là... toi, criminel... en présence de moi, ton juge? murmura-
t-il presque à voix basse, afin de n'être pas entendu de Clotilde. Avoue que l'audace est
grande!... pour ne pas te souffleter, ainsi que l'a
fait Paul, j'ai besoin de te connaître et de te mépriser, comme je te connais, comme je te méprise.
Oublies-tu le vol de la prairie? Penses-tu qu'en
chassant Jacques Belmat du hameau, je n'aie pas
conservé par devers moi la preuve de ton crime?

— La preuve... dit Thomas balbutiant, vous ne pouvez l'avoir...

— Ah! oui, tu te l'imagines? Certes, il a fallu que tu fusses bien sûr de l'impunité pour oser prendre vis-à-vis de nous le rôle d'agresseur. Tu vivais dans une aveugle et folle confiance; tu te disais : Voyez donc ce pâtre, voyez cet imbécile qui fait de la délicatesse avec moi! Il me sauve du bagne, il ne veut pas me perdre pour une première faute... Ah! ah! c'est trop risible! Et le bonhomme, après cela, manifeste des prétentions de marier son fils à ma sœur... Oh! oh! s'imagine-t-il que j'ai le talent de retrouver comme lui des milliers de francs disparus? Non pas, ceci n'entre aucunement dans mes habitudes. En conséquence, je repousserai les prétentions susdites... et qu'ai-je à craindre? Celui qui pouvait être mon accusateur a

eu la sottise de se taire jusqu'alors... Au bout du
compte, il n'a pas de preuves!

Voilà quel était ton raisonnement, n'est-ce pas,
misérable... Oh! reprends-le, ce nom, car il t'appartient avec celui d'infâme! Somme toute, je suis
fâché de te détromper. La preuve existe... elle
existe, te dis-je, et je vais la mettre sous tes
yeux!

— Mais, ajouta André à haute voix et sur un ton
d'ironie, puisque vous prétendez, monsieur le percepteur, que je n'ai pas le droit de vous donner
des ordres... opinion, du reste, dont vous reviendrez bientôt... acceptez du moins un conseil et
renvoyez votre sœur dans la maison du notaire.
Plus tard... si vous l'osez, vous serez toujours à
même d'aller l'y reprendre une seconde fois.

Il serait impossible de peindre le mélange de crainte et de stupeur furieuse qui se lisait, en ce moment, sur les traits bouleversés de M. Thomas. La parole d'André, tantôt grave et sombre, tantôt incisive et brutale, résonnait à ses oreilles comme le glas funèbre qui tinte sur le chemin du condamné à mort, ou comme le sifflement aigu du fouet qui déchire les membres de l'esclave.

Clotilde se tenait à quelque distance, muette, immobile, n'ayant entendu que les dernières paroles du pâtre et frappée du pouvoir qu'il semblait exercer sur son frère.

Tout à coup elle vit André se tourner vers elle.

— Mon enfant, dit-il, on vous ordonne de rejoindre votre protectrice... chez laquelle je me charge bientôt de vous renvoyer Paul.

M. Thomas fit un geste de rage; mais André lui dit froidement :

— Soyez donc assez bon pour confirmer l'ordre.

— Allez, Clotilde... murmura le percepteur. ˙

Le visage de la jeune fille se colora des plus vives nuances. Doit-elle en croire cette voix qui retentit au fond de son âme? Obéira-t-elle à ces élans joyeux qui la transportent? Est-ce l'espérance qui lui revient avec son riant cortége?

En un clin d'œil, elle disparut du logis de son frère.

— A merveille, dit le pâtre, tout ému du regard. plein de gratitude et d'ivresse qu'avant de partir l'amante de Paul venait de laisser tomber sur lui, peut-être enfin réussirai-je à rendre ces enfants heureux!

Il désarma les pistolets d'arçon, puis il les déposa sur une table brute dressée sous le hangar, et où se trouvaient déjà ceux du percepteur.

Celui-ci ne put réprimer un mouvement de joie, dont André, qui le suivait de l'œil, fit aussitôt la remarque.

— Bah! tu espères t'en emparer?... L'idée ne manque pas de mérite... car enfin je suis chez toi, je viole ton domicile, et tu pourrais m'assassiner, à la rigueur, sauf à invoquer ensuite le droit de légitime défense... Eh! eh! ce serait le moyen le plus expéditif de me fermer la bouche! Mais je te surveille, entends-tu, je te surveille... Comme, à ton aspect, je sens la colère bouillonner dans mon âme, je ne veux pas garder ces armes à la main. Fais un geste, un seul geste pour t'en rendre maître... et tu verras que le vieux pâtre n'est pas énervé, lui, par la débauche!

Serrant de son poignet de fer le bras du percepteur, il l'obligea de ployer sur ses genoux.

— Relève-toi, si bon te semble... mais tu ferais mieux de rester ainsi, car cette posture convient au criminel qui entend lire sa condamnation.

A ces mots, il tira de sa poitrine un papier, qu'il se mit à déployer avec lenteur. Il le tint à distance, mais de façon néanmoins que Thomas pût en déchiffrer le contenu.

— Voilà, dit André, les détails les plus minutieux du vol... tes propositions à Jacques Belmat, son acquiescement, le motif que tu exploitais pour le faire agir... et, plus bas, la signature de ton complice!... Oh! tout est en règle! En le forçant de me restituer le sac d'or et quelques autres petites choses, je pouvais être pris ensuite moi-même pour un malhonnète homme ou laisser croire que

je m'associais à des bandits... et, morbleu! je n'é-
tais pas d'humeur à laisser planer de pareils doutes sur ma réputation. J'étais loin de songer alors
à tous les services que ce papier devait me rendre
un jour. Suppose qu'il soit lu, toi présent sur la
sellette, par un greffier de la cour d'assises... Je
me présente, j'appuie de mon témoignage cette
révélation écrite et je me trouve soutenu par tous
nos montagnards instruits des honorables antécé-
dents de Jacques Belmat... Voyons, qu'en dis-tu?
Sans doute on admettrait pour toi des circonstances atténuantes... car enfin tu as rendu la somme
entière...

— Je n'ai rendu que... six mille francs, murmura le percepteur, dont l'ignoble physionomie
reflétait toutes les transes de l'effroi; je suis rede-

14

vable encore du reste... Oh! ne me perdez pas,
André, ne me perdez pas!

— Voici du nouveau, dit le pâtre, et je suis,
par cet aveu plein de franchise..., daigne en recevoir mes félicitations!... beaucoup plus fort
que je ne croyais l'être. Ainsi, tu en es bien convaincu maintenant, je puis te donner des ordres.

— Parlez... qu'exigez-vous?

— Tu devais te battre avec Paul, c'est avec
moi que tu te battras.

Le percepteur, croyant avoir mal entendu, jetait sur lui des regards hébétés.

— Oui... cela te semble étrange? Toi, qui n'as
dans l'âme aucune idée noble, aucun sentiment
de délicatesse et d'honneur, tu ne comprends
pas que je mette en œuvre un si grand moyen
pour obtenir un si petit résultat... tu ne com-

prends pas qu'il me soit impossible de dire à
Paul : Regarde cet homme dont tu te croirais
obligé de rougir déjà, si tu épousais Clotilde...
eh bien, c'est plus qu'un débauché, c'est un vo-
leur ! sa place est au bagne. Tu ne lui connais que
des vices, il est capable de tous les crimes ; ta
jeune femme et toi, vous ne pourriez penser à
lui, sans avoir le front couvert de honte!... Hein?
comprends-tu maintenant que je doive garder le
silence avec Paul, comme je l'ai gardé devant ta
sœur? Ignorant le degré de bassesse où tu es
oescendu, mon fils accepte le duel... mais je ne
veux pas qu'il meure, de ta main, surtout! Moi,
c'est différent... j'envisage les choses à ma manière; je prends que je vais me battre contre
une bête féroce quelconque. Je suis vieux, ma
vie n'a pas grande valeur. Si je te tue... et pour

cela je compte un peu sur la justice du ciel... ma
foi, oui ! pourquoi ne point en convenir? si je te
tue, dis-je, bon débarras ! Si tu me couches sur
la poussière... alors je passerai l'arme à gauche
sous ce même habit que je portais en combattant
aux côtés de mon colonel, et que je n'ai pas mis
pour te faire honneur, au moins, ne va pas le
croire ! J'aurai protégé... mon fils jusqu'au bout,
je mourrai content, morbleu ! car Paul épousera
Clotilde... Oui, cela t'étonne encore?... que je
sois vainqueur ou que je succombe, il l'épousera.

» Mais on vient, dit le pâtre, en s'interrompant...
Ce sont vos témoins, sans doute, Monsieur? Devant eux, devant tous, je dois avoir l'air de vous
respecter... ce n'est pas le plus facile de ma besogne...

En effet, deux individus entraient sous le hangar et serraient la main du percepteur.

Au même instant parut le notaire accompagné de l'époux de Rosine.

La figure de M. Poirson gardait les traces du bouleversement affreux que lui causait l'apparente infidélité d'une femme, sur laquelle reposaient, depuis vingt ans, ses affections les plus tendres. Dans la crainte de se trouver en face d'elle, il n'avait pas voulu rentrer chez lui. Quant au fermier, ne pouvant trahir le secret d'Hortense, il essayait en vain de la disculper. Ses protestations vagues allumaient plus violemment encore le courroux du notaire.

— André, dit celui-ci d'une voix brève, nous allons avoir deux duels au lieu d'un.

— Pourquoi cela? dit le pâtre.

14.

— Chemin faisant vous le saurez... En route,
Messieurs !

Et tous ensemble ils prirent le chemin de la
montagne.

# VIII

Cependant Paul dormait toujours dans la hutte, grâce au soporifique breuvage qu'André lui avait fait prendre.

Fox, couché près de là, soulevait de temps à autre sa grosse et bonne tête, approchant de celle des mains du dormeur, pendante au bord de la couche, un museau noir et raboteux comme une truffe du Périgord. Le soleil, pénétrant par l'étroite lucarne, éclairait le visage du jeune homme, et ce visage ne se ressentait plus des chagrins de la veille, il était radieux...

Paul rêvait de sa mère !

Depuis trois grandes heures déjà, le pâtre avait quitté la cabane.

Après avoir longtemps combattu l'ennui que lui causait le sommeil trop prolongé de son jeune maître, Fox n'y tint plus et s'efforça, par tous les moyens en son pouvoir, de l'arracher à ce repos indéfini. D'abord il lécha doucement la main de Paul. Reconnaissant ensuite l'inutilité de cette première tentative, il appuya deux pattes sur le bord du lit de fougères et jappa de son mieux à l'oreille du dormeur.

Fox avait la voix rauque et peu mélodieuse d'un chien de montagne. Il y allait, du reste, à pleins poumons, et bientôt, malgré la puissance du narcotique, Paul ouvrit les yeux et se dressa sur son séant.

Ce fut alors de la part de Fox une joie folle, exprimée par mille gambades et par de nouveaux jappements, qu'un ordre impérieux de Paul fit cesser soudain.

D'un bond, le jeune homme s'était jeté hors de sa couche. Une idée terrible avait promptement secoué chez lui la torpeur du réveil.

Il frémit, en voyant qu'il faisait grand jour.

Courant au seuil de la hutte, Paul se mit à crier de toutes ses forces et à appeler le pâtre. André lui avait cependant promis des armes : pouvait-il bien l'exposer ainsi au déshonneur, en manquant à la parole, donnée la veille, de le réveiller au point du jour?

Mais les échos du voisinage, seuls, et les gémissements inquiets de Fox lui répondirent. Alors, désespéré, presque fou, Paul franchit la barricade et s'élança sur le pont jeté sur le torrent.

Fox, qui le suivait, s'arrêta tout à coup, signalant à sa manière l'approche de quelqu'un.

— C'est lui, c'est André, sans doute, cria le jeune homme. Et il atteignit en deux sauts l'autre bord du ravin.

Là se trouvait le sentier qui descendait à la base de la montagne. Mais, en cet endroit, les branches touffues des arbres dérobaient les sinuosités du passage, et Paul fit retentir de nouveau le nom du pâtre. Toutefois, s'il eût observé la conduite de Fox, il aurait vu que le chien restait derrière ses talons avec défiance, et par conséquent ne flairait pas son maître.

— Paul! Paul! crièrent plusieurs voix de femmes.

Le jeune homme s'arrêta. Son cœur battait avec violence. Moins d'une minute après, madame Poirson, Clotilde et la fermière s'offrirent à ses regards.

Mais nous sommes obligés de retourner sur nos pas, afin d'expliquer la présence des trois femmes sur le Honneck.

La matinée de ce jour s'était annoncée terrible, et le soleil avait éclairé déjà bien des larmes. Alors même que l'entrevue de Pierre avec Hortense était troublée par l'apparition subite de M. Poirson, Clotilde subissait les tortures que lui imposait son indigne frère. Et, quand ce fut au tour du percepteur à trembler sous les révélàtions du pâtre, déjà l'arrivée de Rosine dans le jardin de la ferme avait fait naître d'étranges épouvantes et produit une autre scène de désespoir.

Madame Poirson, comme nos lecteurs se le rappellent, s'était enfuie précipitamment, très-émue de l'erreur fatale causée sur l'esprit de Rosine par

le tête-à-tête avec Pierre, mais ne se doutant pas
des suites que cette même erreur allait avoir.

Elle entra chez elle, et bientôt arriva Clotilde,
dont elle reçut les vives caresses.

Ce retour de la jeune fille, de son autre enfant
chéri, parut de bon augure à madame Poirson,
d'autant plus qu'elle apprit l'arrivée du pâtre chez
le percepteur. Quel pouvait être le but de la visite
d'André, sinon l'empêchement de ce triste duel?
Déjà M. Thomas renvoie Clotilde, preuve évidente
non-seulement qu'il renonce à se battre avec Paul,
mais aussi qu'il se décide à ne plus mettre obstacle à l'hymen projeté. Les choses devaient se pré-
senter de la sorte à l'imagination d'Hortense, mais
tout n'était pas fini pour elle.

La porte de sa chambre s'ouvrit avec fracas et
Rosine parut à ses regards.

Que venait chercher la fermière? avait-elle le projet d'accabler sa rivale et de lui faire entendre les reproches sanglants que l'indignation met dans la bouche d'une femme outragée?

Non, la douleur de la pauvre jalouse changeait de nature. Elle éprouvait alors des transes plus poignantes, s'il était possible, que celles dont jusque-là son incorrigible passion l'avait rendue victime : elle tremblait pour la vie de son époux. N'avait-elle pas entendu la provocation? Ces paroles de Pierre : « Vous serez cause de ma mort! » retentissaient à son oreille comme une prophétie lugubre. Quand le fermier fut parti, elle resta quelque temps muette, atterrée, le regard fixe et la poitrine haletante, ne sachant si elle devait croire à la réalité de tant de malheurs.

Mais tout à coup Rosine se relève, pâle, trem-

blante encore, mais résolue. Son mari lui avait
parlé d'un secret...

Or, quel secret s'achète ou se conserve au prix
de l'existence ?

Rosine traverse l'intérieur de la ferme, franchit
l'esplanade et se trouve bientôt devant la femme
du notaire.

Elle dit tout... brièvement, avec ce laconisme de
la douleur, qui, d'un mot, d'un geste, d'un regard,
éveille un monde de pensées, un cortége de souve-
nirs. Elle trouve la force de blâmer sa jalousie;
elle conjure madame Poirson de révéler ce secret
uneste... car, à cette heure solennelle, Pierre n'a
pu mentir. Et puis, n'ont-elles pas l'une et l'autre
un époux à sauver ?

— Oui, courons, dit Hortense, courons ! entre
deux déshonneurs, je dois choisir le véritable !

Mais où sont les adversaires? Quel chemin ont-ils pris?

On les leur indique, de loin, dans la vallée ; Rosine et madame Poirson s'élancent aussitôt sur leurs traces, et Clotilde les suit, car la servante du percepteur vient d'annoncer que M. Thomas doit également se battre. Avec qui se battra-t-il, si ce n'est avec Paul? Nouveau désespoir pour Hortense, nouveau sujet de terreur pour Clotilde. Celle-ci n'est pas la moins à plaindre. Quels vœux, hélas! peut-elle former? Souhaitera-t-elle que son amant succombe? Demandera-t-elle que son frère meure?

Elles atteignent la base du Honnech avant d'avoir pu les rejoindre, car ils ont de l'avance.

Alors elles s'arrêtent indécises.

Plusieurs avenues se présentent à leurs regards : laquelle de ces avenues ont suivie les adversaires

Vingt sentiers se croisent sur la montagne, serpentent au milieu des bruyères, montent sous la noire feuillée : lequel ont-ils pu choisir? Le pâtre est descendu seul, Clotilde l'affirme encore. D'ailleurs, aucune d'elles n'a reconnu Paul, au sein de la troupe qu'elles ont aperçue de loin. Donc le jeune homme a dû rester à la cabane du gardeur de chèvres. C'est là qu'il attend son ennemi, c'est de ce côté que le percepteur et tous les autres ont dirigé leurs pas.

Dans cette persuasion, elles gravirent le sentier du ravin.

La fermière ne songeait plus au talisman du pâtre. Les craintes que ce dernier s'était efforcé de lui jeter dans l'âme avaient perdu toute leur influence, et Satan lui-même, debout sur la porte de la hutte, n'aurait pas empêché Rosine d'en franchir

le seuil. Bien qu'elle ne connût pas encore le secret
d'Hortense, elle comprenait que Pierre avait dit
vrai. Cette femme ne pouvait être coupable. Oh !
comme elle jurait de combattre sa folle et impru-
dente jalousie! comme elle s'accusait elle-même,
comme elle pleurait amèrement ses torts! Que son
époux échappe au péril, mon Dieu! qu'elle puisse
le ramener sain et sauf..., et plus de soupçons,
plus de doutes injurieux; elle ne croira de sa vie à
ces apparences maudites!

Précédant Clotilde et la femme du notaire, Rosine
écartait les branches résineuses des pins et lon-
geait avec intrépidité le bord du précipice. Ses
compagnons imitaient son exemple.

Elles allaient arriver au terme de cette rude ascension, quand la voix connue du maître-clerc les
fit tressaillir. Chacune d'elles se hâta de répondre

aux cris du jeune homme et la rencontre eut lieu.

Tout fut oublié pour un instant... Paul se trouvait en présence de sa mère!

Il lui sembla qu'il la voyait pour la première fois. Sa poitrine bondit, ses yeux se remplirent de larmes, et le regard qui s'échappait au travers de ce voile humide portait avec lui tant d'amour, qu'Hortense ouvrit les bras en s'écriant :

— Tu sais tout!... Viens, Paul... mon fils!

— Ma mère... ô ma mère!!

Et ces deux amours, ces deux délires vinrent se confondre.

Lui ne songeait plus aux conseils du pâtre; elle, la pauvre femme, obligée depuis si longtemps de réprimer les élans de sa tendresse, ne songeait plus aux mesures que la prudence lui recommandait encore. Après l'aveu qu'elle va faire, son mari

peut la chasser du toit conjugal... Oh! n'importe !
elle emmènera son fils, elle le proclamera haute-
ment à la face du monde.

— Oui, Clotilde, oui!... je serai doublement ta
mère... Voilà mon secret, Rosine!... le baiser filial
m'a donné du courage... Marchons!

— Grand Dieu! s'écria le jeune homme, ce
duel... On aura le droit de m'accuser de lâcheté!

— Ce duel? en effet... Ils ne doivent pas être
loin... tu les as vus?

— Qui donc?

— Mon mari! cria Rosine, le notaire, le percepteur, André... Miséricorde! ils ont pris un autre
chemin!

— Je devine tout, dit Hortense, en se frappant
le front... Le dévouement du pâtre n'a jamais
failli... Je suis sûre...

— Qu'il a voulu prendre ma place!... Oui, n'es;
ce pas?... Ciel! mais il faut les rejoindre... Ils sont
ensemble, vous les avez vus?... Fox! ici, Fox!

Le chien s'empressa d'accourir.

— Nous cherchons ton maître, Fox... Entends-
tu, bon chien?... Le maître... là dans la montagne,
quelque part... Oui, tu le retrouveras, oui, bon
chien!... C'est cela, prends le vent, Fox... Bravo!

Paul le voyait dressant le nez, aspirant l'air avec
bruit.

Les trois femmes attendaient palpitantes.

Tout à coup le chien prit sa course au milieu
des profondeurs de la forêt.

— Doucement, Fox... doucement! nous voulons
te suivre.

Ils se mirent aussitôt sur les traces de l'excellente bête, qui semblait avancer à coup sûr et se

retournait, de temps à autre, comme pour les encourager à presser la marche.

— Oui, nous sommes là, Fox... Va toujours!... Percepteur maudit! se battre avec un vieillard... Double lâche! c'est de ma main que tu recevras ton châtiment.

— Paul! Paul! dit une voix suppliante.

— Oh! Clotilde, pardon... pardon!... Je ne puis cependant laisser assassiner mon second père!

Ils avaient parcouru déjà beaucoup d'espace et l'on ne voyait rien encore. Mais enfin leur guide se retourna pour japper avec triomphe et remuer joyeusement la queue. S'élançant ensuite, rapide comme l'éclair, Fox disparut.

— Nous arrivons! cria le jeune homme. Il va nous annoncer à son maître...

A peine avait-il proféré ces paroles qu'une détonation se fit entendre et réveilla tous les échos de la montagne.

Ce fut un moment de solennelle et terrible angoisse. Ils n'eurent plus la force d'avancer ni l'un ni l'autre. Les femmes tombèrent à genoux en poussant un cri de douleur, et Paul murmura d'une voix désespérée :

— Trop tard... Il est trop tard!. . . . . .

. . . . . . . . . . . . . . . . .

Plusieurs massifs d'arbres leur dérobaient la vue des combattants.

C'était M. Thomas qui venait de tirer sur le pâre. Les deux autres adversaires ne se trouvaient point en présence. .

A l'annonce du second duel, André se fit donner des explications immédiates, et prit sur lui de tout révéler à M. Poirson, qui pâlit plus d'une fois en

ANDRÉ LE SORCIER 263

écoutant ce récit, le même que le gardeur de chèvres avait fait au fils d'Hortense. Le fermier put expliquer alors le véritable motif du rendez-vous, et M. Poirson lui serra tristement la main.

— Je n'ai rien à lui pardonner, murmura-t-il, car elle est restée loyale épouse... Puis-je l'empêcher d'être bonne et tendre mère?

Le percepteur et ses témoins ayant pris l'avance, se trouvaient déjà sur le lieu fixé pour la rencontre, espèce de clairière, entourée de toutes parts d'un sombre rideau de verdure, et où le sol n'offrait qu'une pente imperceptible.

On mesura le terrain.

Le pâtre et Thomas furent placés à cinquante pas de distance. Ils devaient marcher l'un sur l'autre et tirer à volonté.

Pierre donna le signal.

Rempli de confiance en son adresse, le percepteur ajusta le pâtre dès le principe; mais au moment où il pressait la détente, Fox accourait, hale-
tant, et s'élançait pour caresser son maître...

Le malheureux chien reçut la balle au milieu
des flancs. Il tomba raide mort.

— Damnation ! cria le percepteur.

— Providence du ciel ! dirent le notaire et le
fermier.

Deux larmes de regret, deux larmes brûlantes
descendirent sur les joues du pâtre, lorsqu'il aperçut, gisant à ses pieds, le cadavre du vieux et fidèle compagnon de sa solitude. Il s'arracha péni-
blement à ce spectacle pour marcher, l'arme
haute, à la rencontre du percepteur. Celui-ci le
voyait approcher avec épouvante.

André vint lui appuyer sur le front le canon de son pistolet.

— Arrêtez! crièrent les témoins... ce n'est plus un duel! on ne tue pas un homme ainsi!

Le pâtre les regarda froidement.

— Pourquoi donc?... C'est un plaisir que je veux me donner... Je me suis battu pour cela.

Clotilde accourait enfin, suivie des deux autres femmes et de Paul. Elle s'écria, d'une voix déchirante, en se précipitant, les bras étendus, vers le pâtre :

— Grâce! grâce! André!... c'est mon frère!

— Pauvre enfant!... devant elle... Oh! non, je n'aurai pas cet affreux courage!

Et il baissa son arme.

— Tu le vois, dit-il au percepteur, celle que ton lâche égoïsme voulait enterrer dans un cloître me

prie d'épargner tes jours... Signeras-tu le consentement au mariage ?

— Oui, répondit Thomas d'une voix faible.

— Tu l'aurais signé tout de même, au cas où
j'eusse reçu la balle que tu m'envoyais en pleine
poitrine. M. Poirson devait prendre l'écrit de
Belmat et en faire usage, sur ton refus... Je te l'a-
vais, du reste, annoncé tout à l'heure. Mais le contenu de ce pistolet vaut quelque chose, morbleu !
Ta signature une fois donnée, tu partiras pour
l'Amérique.

— Je partirai...

— Bon voyage!... Tu le conçois, nous regrette-
rons peu ta présence... elle n'est pas nécessaire le
moins du monde pour dresser le contrat. Je paie-
raie ta dette à la recette particulière, et j'irai moi-

même, pour plus de sûreté, t'embarquer au Havre...

Sur ce, que le diable te soit en aide !

Il lui tourna brusquement le dos pour ouvrir les bras à Paul et à Clotilde, ajoutant avec une émotion profonde :

— Et que Dieu bénisse votre union, mes enfants !

Rosine, encore frémissante, s'était jetée dans les bras de Pierre, et madame Poirson s'agenouillait devant son époux comme une coupable. Le brave homme la releva pour l'embrasser avec tendresse, et ne lui dit que ces mots :

— Paul sera mon fils !

. . . . . . . . . . . . . . . . .

A l'exception de M. Thomas, décédé à New-York, de la fièvre jaune, tous nos personnages continuent d'habiter le hameau.

Le notaire a repris sa belle humeur et a cru sage de ne pas demander compte d'un passé qui ne lui appartenait pas encore. Et puis, ne devait-il pas à Hortense vingt années d'un tranquille et heureux ménage? Paul lui a succédé dans sa charge, et Rosine se trouve radicalement guérie de sa passion jalouse.

Si vous traversez jamais cette pittoresque région des Vosges et si vous demandez au hameau des nouvelles du gardeur de chèvres, on vous montrera, sur l'esplanade de l'église, un beau vieillard, vêtu d'une redingote marron fort propre, et portant le ruban rouge à sa boutonnière. Il est presque toujours assis à l'ombre d'un gros tilleul, et fait danser sur ses genoux deux chérubins d'enfants, à la face rose et joufflue. Ce sont les enfants de Paul et de Clotilde.

Les villageois se découvrent respectueusement en présence de ce vieillard, et l'appellent *monsieur André*.

Le sorcier du Honneck, le pâtre de la montagne, n'existe plus.

FIN

Poissy. — Typ. S. Lejay et Cie.

www.ingramcontent.com/pod-product-compliance
Lightning Source LLC
Chambersburg PA
CBHW030352270326
41926CB00009B/1072